14.-

1

Madame de Meuron
22. August 1882–22. Mai 1980

Ein Erinnerungsalbum von
Rosmarie Borle, Herbert Distel, Urs Kohli,
Corinne Pulver u.a.

Edition Erpf Bern *13.3.93*
wir haben dieses Buch erhalten von

Margrith Killmann-Hässig

Dank

Die Autoren und der Verlag sind zahlreichen Persönlichkeiten und Institutionen, die zum Entstehen dieses Erinnerungsalbums beigetragen haben, herzlich zu Dank verpflichtet:

Kurt Aeschimann, Münsingen
Peter Lauri, Bern
Hansruedi Lerch, Bern
Paul und Trudi Messerli, Rümligen
Paul Motzko, Versoix
Paul Müller, Münchenbuchsee
Greti Oechsli, Bern
Radio DRS, Studio Bern, Bern
Eduard Rieben, Bern
«Der Spiegel», Hamburg
Pfarrer Paul Zoss, Riggisberg

und all die andern, die uns geholfen haben, aber nicht genannt werden möchten.

© 1980 by Hans Erpf, Edition Erpf, CH-3001 Bern
Gestaltung: Urs Kohli, Grafiker ASG, Bern
Fotolithos: Henzi AG, Bern
Satz: Partnersatz AG, Bern
Druck: Vetsch & Co., Köniz
Buchbinderei: Johann und Martin Sauerer, Liebefeld (Buchhandelsausgabe)
und H. & J. Schumacher AG, Bern (bibliophile Ausgabe)
ISBN 3-256-00019-3
Printed in Switzerland

Inhalt

Hans Erpf: «Hommage à Madame de Meuron» – zum Erscheinen dieses Buches	6
Rosmarie Borle: Ein zärtliches Portrait	10
Madame de Meuron im Spiegel der Presse	44
Corinne Pulver: Ein Hauch von Freundschaft und von Poesie	61
Herbert Distel: Der Geburtstag	81

Hommage à Madame de Meuron

Zum Erscheinen dieses Buches

Die Idee, ein Buch über Madame de Meuron herauszubringen ist nicht neu. Bereits 1970 waren Hansruedi Lerch und der Unterzeichnete einig geworden, ein kurzes Portrait dieser «grossen alten Dame von Bern» zu zeichnen. Das Buch erschien 1971 unter dem Titel «Madame de Meuron und andere Berner Originale», die «Madame» hatte eitel Freude daran und, notabene, vorgängig Hansruedi Lerch sogar ausdrücklich erlaubt, dass er in Titel und Inhalt ihren vollen Namen verwenden dürfe. Noch im gleichen Jahr erschien ein weiteres Buch, eine berndeutsche Anekdotensammlung von Susy Langhans-Maync. Fürs erste schien also das Interesse der Öffentlichkeit befriedigt zu sein. Aber eben: schien – denn aus vielen Zuschriften und Gesprächen wurde dem Unterzeichneten klar, dass beide Bücher die Einzigartigkeit dieser starken Persönlichkeit nur oberflächlich streifen konnten und die zahlreichen Anekdoten eigentlich mehr der Legendenbildung denn der Wahrheitssuche dienten, dass Madame de Meuron eben mehr war, als nur ein «Original» und Urheberin von mehr oder weniger wahren Witzchen und Histörchen. So setzte sich ein Team von Autoren zusammen, um ein Text- und Bilddokument zusammenzustellen, das zum hundertsten Geburtstag, also am 22. August 1982, Madame de Meuron als Geschenk überreicht werden sollte. Es kam anders: Am 22. Mai dieses Jahres verabschiedete sie sich von dieser Welt, um eine andere, vielleicht bessere, aufzusuchen. So haben die Autoren und der Verlag nach reiflichem Überlegen beschlossen, das geplante Buch als eine Art «Erinnerungs-Album», als eine «Hommage à Madame de Meuron», zum 98. Geburtstag, der dieses Jahr gewesen wäre, vorzulegen. Es gibt Kreise, die gegen eine solche Veröffentlichung sind, die meinen, die Verstorbene, die ihre Stadt und deren Bewohner liebte, solle so-

zusagen ins Vergessen geraten. Nein, diese Meinung teilen wir nicht. Vielmehr sollen die vielen tausend Berner und Nichtberner, die «ihre» Madame verehrt und geachtet haben, die schönen Erinnerungen auch in Buchform bewahren können. Die Autoren haben sich bemüht, mit Vorurteilen aufzuräumen und der falschen Legendenbildung entgegenzuwirken. Daher waren sie auch vorsichtig im Umgang mit all den kursierenden Anekdoten und konzentrierten sich vor allem auf Briefdokumente und authentische Äusserungen von Zeitgenossen: aus ihnen spricht die wahre Madame de Meuron.
Entstanden ist ein sehr zartes und poetisches Portrait, ein buntes Album, das wir Ihnen, verehrte Madame de Meuron, mit grosser Hochachtung und unserem aufrichtigen Dank in die Hände legen.

Bern, im Sommer 1980 *Hans Erpf*

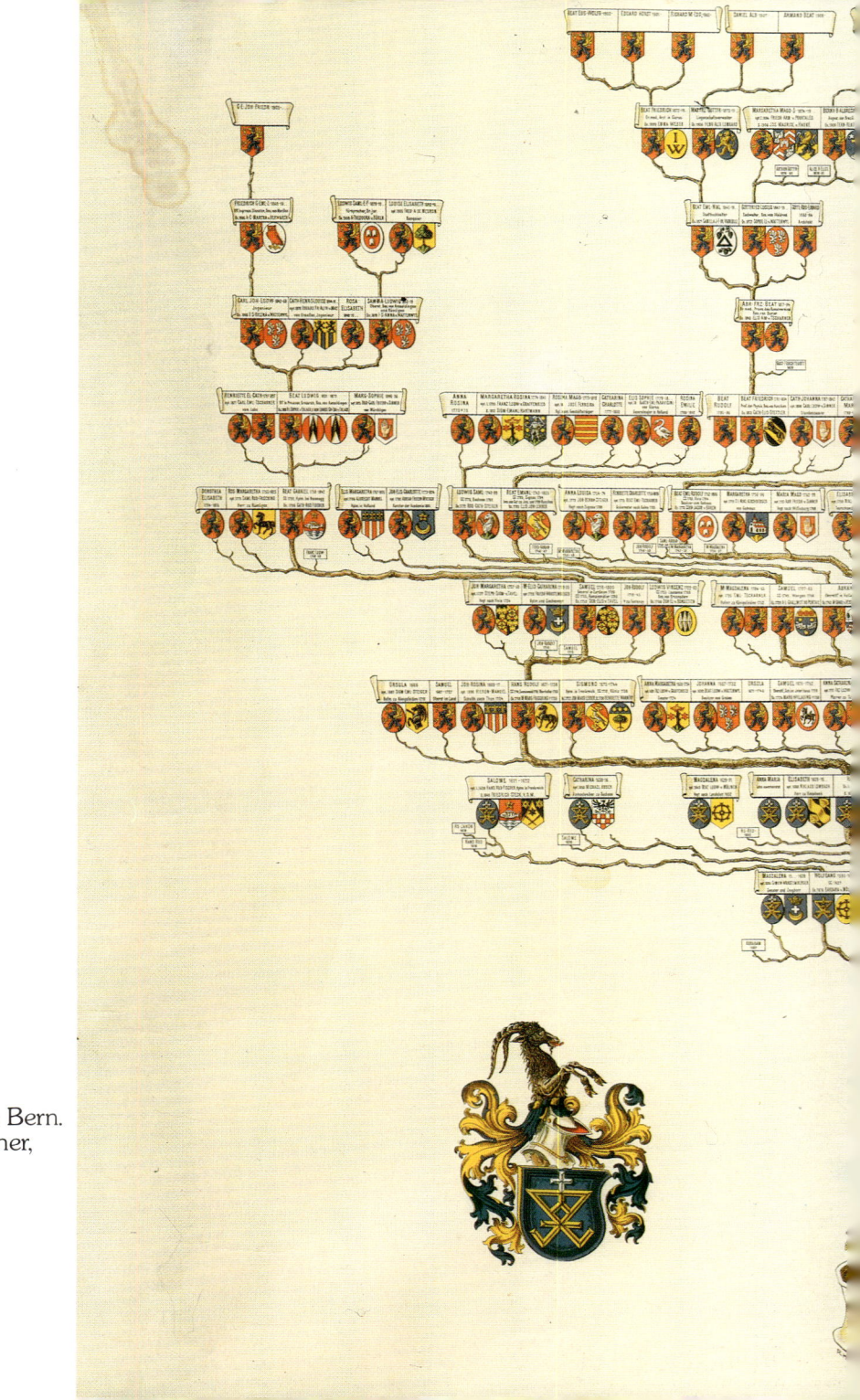

Stammbaum der Familie von Tscharner von Bern.
Gezeichnet von Ludwig Samuel von Tscharner,
1911/1913.
Druck: R. Henzi & Co., Bern

Stammbaum der Tscharner zu Bern

Ein zärtliches Portrait...

Es sollte ein zärtliches Portrait werden, denn nur ein solches schien mir über Madame de Meuron möglich, je mehr ich von ihr erfuhr oder las. Ein Versuch, eine sehr alt gewordene, einsame, edle Frau darzustellen und ihr dabei posthum möglichst gerecht zu werden, kursierende Fehl- und Vorurteile zu entkräften. Sie habe nur mit ihresgleichen verkehrt, heisst es etwa, alle «normalen» Menschen geringschätzig behandelt. In einem ihrer Briefe an den Schriftsteller Hansruedi Lerch schrieb Elisabeth de Meuron aber die Worte: «Wir sind allerdings sehr verschieden von einander und werden danach trachten müssen, ehrlich miteinander zu sprechen ohne uns zu verletzen, einfach uns sein lassen, was wir sind». In fast allen ihren Briefen, die ich lesen durfte, schimmern Witz, Geist, Sensibilität und Charme durch, manchmal – zugegeben – versteckt hinter harten Sätzen. Bis weit über 90 Jahre alt, schrieb Elisabeth de Meuron ihre Briefe selber, mit geradem, klarem Strich, mühelos lesbar. Ein Leben lang behielt sie ihre Gefühle und Ängste vor den Menschen verborgen, erst in ihren letzten Lebensjahren schenkte sie manchmal Fremden ihr Vertrauen und erzählte ihr Schicksal. Ein Schicksal, das mit Madame de Meuron nicht eben schonend umgegangen war. Durch einen Unfall verlor sie ihren Bruder, heiratete einen Mann, den sie nie geliebt hatte, ihr einziger Sohn – unheilbar krank – wählte den Freitod, und ihre 1977 verstorbene Tochter lebte lange Zeit in Marokko.
Elisabeth de Meuron lebte in einem alten, weissen, beinahe baufällig wirkenden Schloss in Rümligen. Ein Schild mit: «Privatbesitzung, kein Durchgangsrecht» und eine verrostete Platte «Verbotener Weg» halten Fremde auf den Strässchen im wunderschönen Forst zurück. Es ist wirklich eine Reise in die Vergangenheit. Vielleicht fühlt man sich in dieser Umgebung, zusammen mit einem Menschen, den man liebt, glücklicher als irgendwo sonst. Aber allein, wahrscheinlich so einsam und verlassen wie an keinem andern Ort auf der Welt. Eine trüge-

rische Harmonie also, ein schwerer Stand, hier glücklich zu sein, aber wenn, dann...
In ihrer nahen Umgebung hiess sie «Frou vo Mörong», in einem Brief an den Journalisten Kurt Aeschimann erklärte sie einmal: «Die von Allmen z.B. dürfen es (das «von») nicht auslassen, nicht übersetzen, aber jetzt hält in der Schweiz der Zivilstand die Adligen gleich und wäre Mme de Meuron von Tscharner – aber es ist kultivierter es für beide entweder mit de oder mit von zu halten oder auszulassen, ich nenne mich selber Elisabeth Meuron und nannte mich vorher Elisabeth Tscharner». Den gleichen Brief liess sie mit dem Gedanken enden: «Ich liebe die Bäume als ob es Lebewesen wie Menschen seien mit Seelen. Ich liebe die Tiere zarter als ich die Menschen liebe, glaube, es sei mehr von Gott in ihnen zu finden als in den Menschen.»
Ja, es ist ein zärtliches Portrait geworden.

Rosmarie Borle

Seit seiner Jugendzeit kann sich der Landwirt und ehemalige Gemeindepräsident von Rümligen, Paul Messerli, an die «Madame» erinnern. Trotz gelegentlichem Ärger und viel Aufregung um Madame de Meuron geht er mit seiner Frau Trudi einig, die erklärt: «Ich möchte nichts missen, was wir mit der «Madame» erlebt haben. Wer sie nicht kannte, hat etwas im Leben verpasst. Im Nachhinein überwiegt das Menschliche und Schöne so klar, dass die Unstimmigkeiten längst vergessen sind.» Auch ihr dreizehnjähriger Sohn Walter hatte sich in einem Schülervortrag seine Gedanken über die Schlossherrin gemacht und sie liebevoll beschrieben: «Frau de Meuron wird mir stets als gütige, intelligente, alte Dame in Erinnerung bleiben. (...) Mein Vater musste einmal in der kalten Jahreszeit einen Offizier ins Schloss begleiten. Die beiden Männer froren im kalten Salon bei fast Null Grad Kälte, Madame de Meuron sass aufrecht im Stuhl und sagte, es sei nicht kalt, sie seien nur verweichlicht (...)».
Das Ehepaar Messerli erinnert sich, wie sie an ihrer Hochzeit im Jahre 1959 von der «Madame» in der Kirche erwartet wurden. Sie sass auf einem ihrer drei Chorstühle in der Kirche von Kirchenthurnen, wechselte aber im Verlauf der Predigt ihren Platz, weil ihr der Pfarrer immer vor der «Aussicht» gestanden sei. Zur Kirche sei sie ab und zu gegangen, vor allem auch an den Sonntagen vor Feiertagen. Dies vor allem, weil sie der Ansicht gewesen sei, ihre Anwesenheit stärke den Pfarrer.
Von einer der vielen Begabungen Madame de Meurons zeigt sich Paul Messerli besonders nachhaltig beeindruckt: «Madame konnte Briefe von Hand schreiben, ohne auch nur einmal aufs Blatt zu schauen. Einmal war ich mit einem Bekannten bei ihr auf dem Schloss, während sie ihre Korrespondenz erledigte. Sie sprach mit uns über unser Anliegen und schrieb, ohne je eine Denkpause einzuschalten, weiter an ihrem Brief.» Heute schmunzelt Paul Messerli über das Erlebnis, damals war es ihm jedoch nicht ganz geheuer. «Anfangs der Fünfzigerjahre rief mich die «Madame» einmal an und bat mich, unverzüglich zu ihr zu

kommen. In der Eile habe ich noch das Hemd gewechselt und eine Jacke angezogen. Ich musste Frau de Meuron nach Bern ins Kino «Capitol» zur Premiere des Films «Ueli der Knecht» oder «Ueli der Pächter» begleiten. Sie hiess mich auch, das Auto direkt vor dem Kino, auf der vielbefahrenen Kramgasse stehen zu lassen. Die Intervention eines Polizisten parierte sie mit den Worten: «Me laht das da.» Während des Films kritisierte sie an der Seite des damaligen Bundesrates Feldmann, nicht zu dessen Freude, ständig Inhalt und Handlung des Films.»

Als Gemeindepräsident organisierte Paul Messerli, dem die Madame übrigens seinen militärischen Aufstieg vom Korporal zum Offizier nie ganz verziehen hat («Offizier sy verdirbt dr Charakter»), die legendären Concours auf der Schlossmatte. An diesen Gruppenspringen mit 36 Gruppen sprangen jeweils drei Pferde mit ihren Reitern gleichzeitig über ein Hindernis. Dieser Wettbewerb wurde von Frau de Meurons Vater, Oberst Dr. phil. Heidelberg Ludwig von Tscharner von Amsoldingen eingeführt und soll in seiner Art einmalig auf der Welt sein. Herrenreiter durften übrigens nie starten. Die Frauen wurden an diesen Anlässen stets streng, ganz nach alter Schule, von ihren Gatten getrennt, Musikanten und Chauffeure der Gäste im gastlichen Kellergewölbe bewirtet. Die Concours-Veranstaltungen wie auch die Geburtstagsfeiern zeigten Madames grosses Interesse und ihre Freude an einer Öffnung «nach draussen», wenigstens für zwei Tage im Jahr.

In der Briefsammlung der Familie Messerli findet sich nebst vielen wunderschönen Dokumenten auch ein Fotoheftchen, das die «Madame» selber zusammengestellt und mit «es war einmal» betitelt hat. Auf einem Brief hat sie aus einem Tintenfleck liebevoll eine Rose gezeichnet. Auf allen Erinnerungsfotos wird ersichtlich, welch schöne, edle und besondere Frau Elisabeth de Meuron gewesen ist. Bekannt ist Paul Messerli auch Madames ständiger Kampf mit ihrem Förster. Gewitzt dadurch, dass Frau de Meuron auf jeden Vor-

schlag des Hegers beim Besprechen der Baumfällung sagte «me nimmt die näbedraa», schlug der Förster denn auch prompt immer die Tannen vor, die er eigentlich auch nicht fällen wollte. So waren beide zufrieden...
Madame de Meuron hatte grossen Einfluss auf die Meinungsbildung und besass in früheren Jahren stets einen grossen Informationsvorsprung in wichtigen Fragen der Armee oder in der Personalpolitik bei höheren Ämtern. Wer könnte es ihr verargen, dass sie diese privilegierte Position, wenn häufig auch nur im Kleinen, ab und zu ausgenützt hat. Besonders gern erinnert sich Paul Messerli an folgende Episode: «Von einem Fürsprech und Nationalrat hat Frau de Meuron einst einen Muni gekauft und ihn dann auch zur jährlichen «Muni-Schau» nach Riggisberg geführt. Sie selbst hat ihn zu Fuss bis zum Dorfplatz gejagt. Doch leider, ihr «Muni» wurde nicht prämiert, sollte jedoch mit einem «A» auf dem Rücken gekennzeichnet werden (prämierte «Munis» durften zur Besamung in anderen Ställen «fremdgehen», mit «A» gekennzeichnete Tiere waren nur in den eigenen Ställen zur Besamung zugelassen). Den Mann, der das Tier stempeln wollte, wies sie ab: «Rüehret das Tier nid ah, Dihr syt em nid würdig». Tags darauf kündigte sie der Landwirtschaftsdirektion des Kantons Bern, die in der Altstadt in einem ihrer Häuser einquartiert war, den Mietvertrag und bat um Räumung auf den nächstmöglichen Termin. Wenn der Kanton ihren «Muni» nicht prämiere, begründete sie ihr Vorgehen, könne er sich gefälligst neue Lokalitäten suchen. Bald darauf erhielt die Schlossherrin auf Rümligen ihr Leistungsheft für den «Muni»...».
Als 1975 ihr Grittli, die langjährige Haushälterin, verstarb, hatte Frau de Meuron im Leben einen immer schwereren Stand, sie war damals ja auch bereits 93 Jahre alt. «Sie hatte keine Ahnung, dass beispielsweise eine AHV existiert und begriff oft nicht, dass ich ihr amtliche «böse» Briefe schreiben musste, häufig auch in bezug auf feuerpolizeiliche Vorschriften. Von solchen Gesetzen und Verordnungen wollte sie einfach nichts wissen, die galten nicht für sie», er-

läutert Paul Messerli ihre damalige Lage. Er fährt fort: «Im Dorf waren damals ihre drei russischen Windhunde stets die «bösen» und waren an allem schuld, wenn wieder etwas passierte. Einmal wurden sie sogar weggeführt und in einen Zwinger gesperrt. Nachdem die «Madame» die Hunde vom Obergericht freigesprochen erhielt, liess sie sie einschläfern».
Kurz darauf, am 1. April 1978, fiel Frau de Meuron aus ihrem Bett und brach sich dabei einen Schenkelhals. Von diesem Unfall an bis zu ihrem Tod, am 22. Mai 1980, lebte sie im Spital von Riggisberg. «Einmal», so Paul Messerli, «schickte sie mich während eines Besuches auf den Spitalbalkon und riet mir, auf die Aussicht zu achten. «Wie isch es?» «Schön», meinte ich. «Nein», sagte «Madame» entschieden, «vo Rümlige us isch es schön, vo hie nume gwöhnlech». Auch bereits vom Spitalbett aus klagte sie Paul Messerli einmal: «Dieser Herrgott nützt seine Machtstellung wirklich schlecht aus. Die Jungen lässt er Terrorakte verüben und mich, mich alte Frau, lässt er aus dem Bett fallen...»
Als Frau de Meuron dann am 22. Mai 1980 die Augen für immer schloss, wurde ihre Beerdigung in aller Stille abgehalten. «Wenn sie das gewusst hätte», sinniert Paul Messerli über den Umstand, dass bei ihrer Abdankung nur geladene Gäste (mit Türkontrolle am Eingang) Zutritt zur Kirche fanden. Auch die jetzigen Behörden in der Gegend seien nicht berücksichtigt worden. Still und leise, unter Ausschluss der Öffentlichkeit, wurde sie zu Grabe getragen. Ohne die Öffentlichkeit, die sie mochte, und mit der sie oft in Spiele verwickelt war...

16

Spaziergang anlässlich einer Concoursveranstaltung auf der Schlossmatte. (Foto: Privatbesitz)

Die Schlossherrin flankiert von Concoursgästen. (Foto: Privatbesitz)

Der Schweizer Kavallerie Zeit ihres Lebens verpflichtet: Madame de Meuron als aufmerksame Beobachterin an ihrem «eigenen», legendären Concours.
(Fotos: Paul Motzko, Versoix)

Von allen Eigenheiten, die Madame hatte, waren vier besonders auffällig: ihr grosser Hut, ihre wallende Robe, das messingene Hörrohr und – als Tochter eines Obersten von Tscharner – ihre Vorliebe für den Offiziersstand.
(Foto: Paul Motzko, Versoix)

19

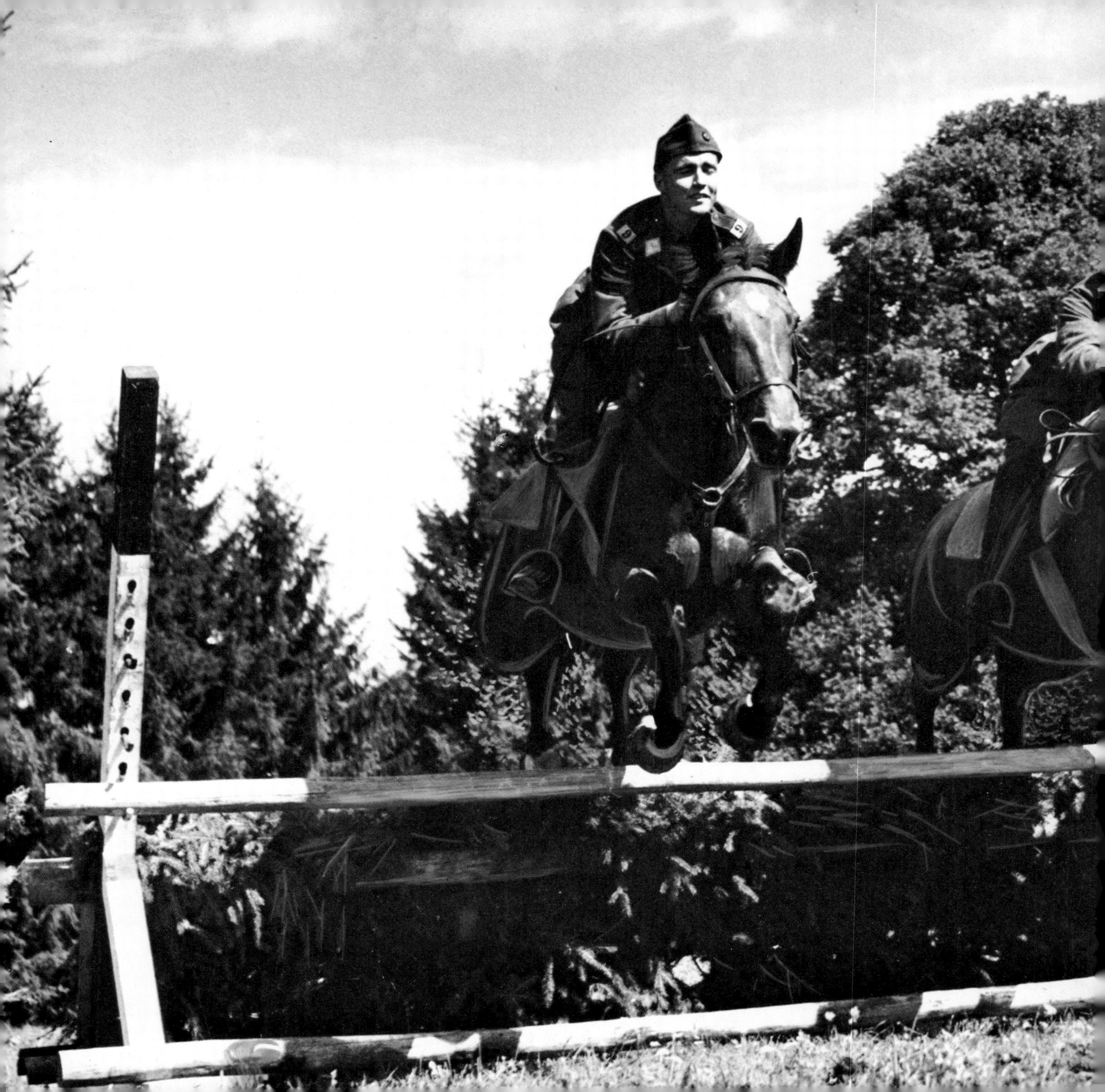

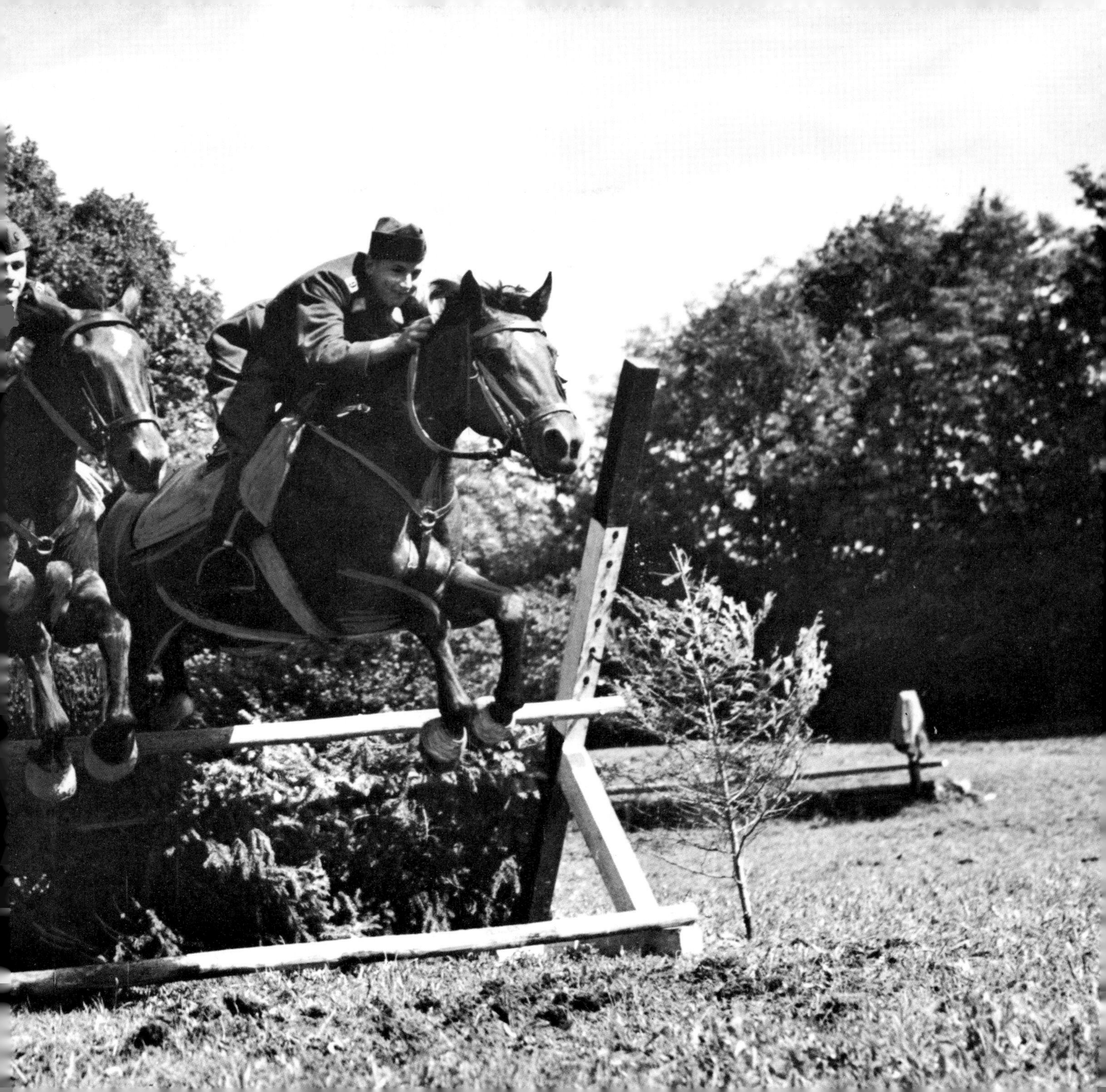

Ein vorwitziger Engel auf dem Sofa ist stummer Zeuge des vertraulichen «Tête-à-tête» von Elisabeth de Meuron mit dem damaligen Bundesrat Rudolf Etter.
(Foto: Privatbesitz)

Madame de Meuron zeigte sich gerne mit hohen Vertretern der Armee, hier mit Oberstdivisionär Thiébaud.
(Foto: Kurt Aeschimann, Münsingen)

Madame de Meuron in Begleitung von Rudolf Gnägi und Oberstdivisionär Thiébaud.
(Foto: Kurt Aeschimann, Münsingen)

23

Impressionen vom legendären Concours auf der
Schlossmatte – einem «Dreierspringen» – dem wohl
einzigen Wettbewerb dieser Art auf der Welt.
(Fotos: Privatbesitz)

24

25

26

1971 publizierte der Berner Schriftsteller Hansruedi Lerch unter dem Titel «Madame de Meuron und andere Berner Originale» (Benteli Verlag) ein Portrait von Elisabeth de Meuron. Die folgenden Buchauszüge sind aus diesem Bändchen zitiert: «Die ‹grand old Lady› von Bern, die von Bern geschaffen wurde und ihrer Stadt so viel gegeben hat. Man will sie leichthin belächeln. Es gelingt nicht und wäre auch ungerecht. Und die Feststellung, sie lebe im falschen Jahrhundert, ist insofern unkorrekt, als wir unser Jahrhundert verurteilen müssten. Nun geht das eben nicht. Also müssen wir mit dieser Zeit und mit Madame leben. Warum auch nicht? Es ist noch keinem schlecht bekommen.» (...) «Elisabeth de Meuron-von Tscharner wurde 1882 am Münsterplatz 12a in Bern geboren. Ihr Vater war der Genieoberst Dr. phil. Heidelberg Ludwig von Tscharner von Amsoldingen, die Mutter, eine gütige Frau, Anna von Wattenwyl von Rümligen, die Schwester der Beatrice von Wattenwyl, welche beide mit den Frischings verwandt waren. Hier muss eine Nebenbemerkung eingeflochten werden: Wenn man an die von Erlachs, von Graffenrieds... denkt, nimmt man gemeinhin das Wörtchen «Patrizier» in den Mund. Nun bestreiten alte Burger die Echtheit und Korrektheit dieser Bezeichnung. Ihrer Ansicht nach gibt und gab es in Bern keine Patrizier, ausser vielleicht den von Mays. Alle übrigen Adelsgeschlechter gehören in die Kategorie der «Edelfesten» oder der «Wohledelfesten». So sieht es auch Elisabeth de Meuron, die sich entschieden nicht als Patrizierin betrachtet. (...) Demgegenüber sagt sie von sich selber: «Ich bin schon ein Stück alt Bern und doch nicht recht. Man kann mich brauchen, als was man will...» – und es stimmt auch, doch soll man nicht missbrauchen, bloss weil jemand dem Durchschnitt entweicht. Denn so ausgefallen denkt Madame nicht, wenn sie etwa feststellt: «Ich bin ganz gegen das Frauenstimmrecht, denn ich habe an mir und anderen erfahren, dass unser Einfluss schon ganz genügend herrscht und wir die Seele der Welt sind, wie es im Paradiesgarten angedeutet. (...) «Wir sollten sie endlich so auffassen, wie wir den Onkel oder den Vater

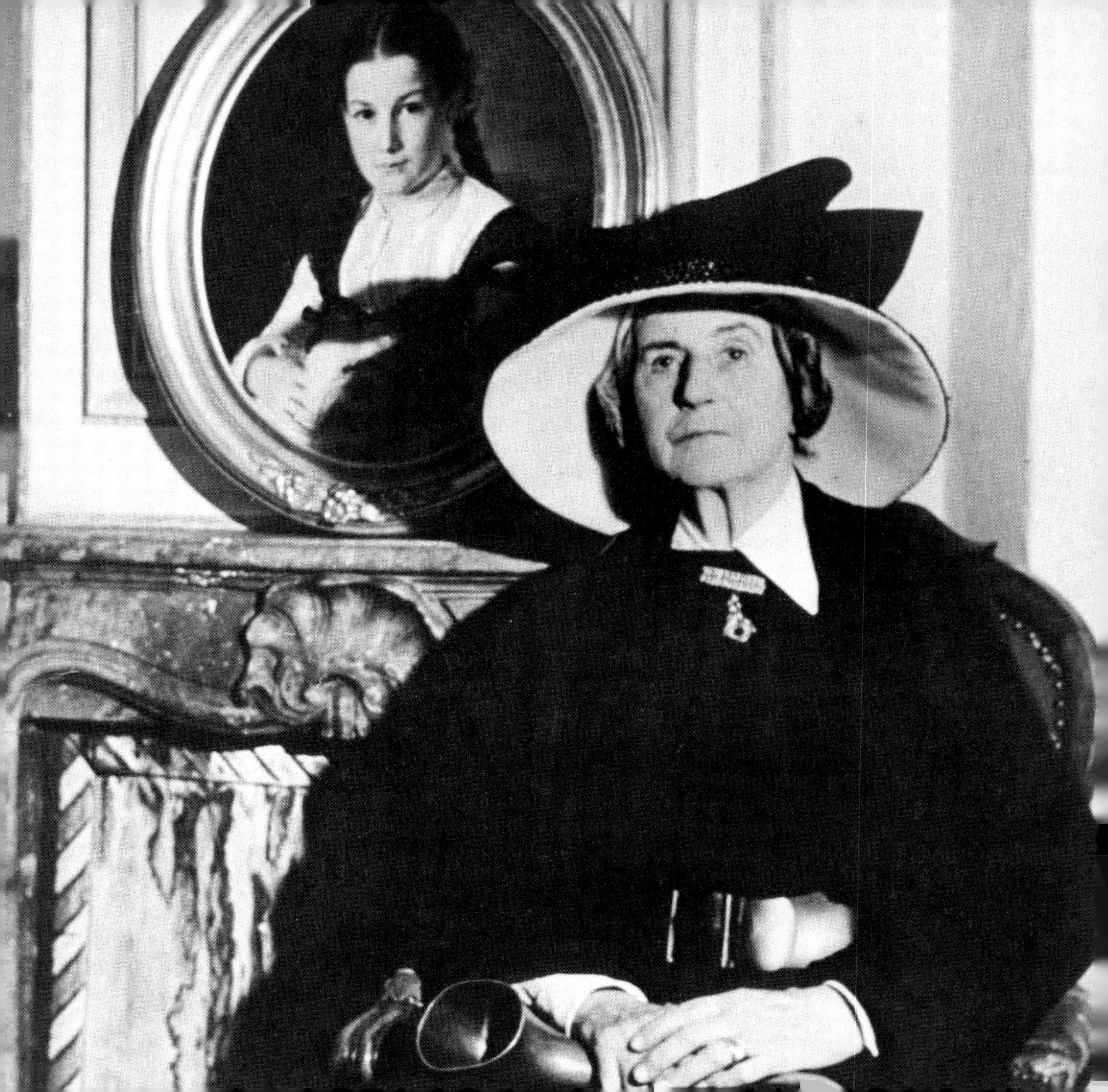

nehmen, wenn er einen träfen Spruch fallen lässt. Etwas eigen, zum Glück nicht blasses Mittelmass, aber doch als ein Mensch, der sich selber treu blieb. Madame zeigt uns eine zugegebenermassen nicht alltägliche Form von Selbstverwirklichung. Aber was wollen wir denn! Uns immerfort verleugnen und andere, die sich nicht vor dem eigenen Ich scheuen, belächeln. Es mag jeder sich selber suchen. Frau de Meuron hat sich nicht bloss selber ein Profil gegeben, sondern es auch durchgehalten. (...)».

Dieser Publikation ging ein umfangreicher Briefwechsel zwischen Madame de Meuron und dem Autoren voraus, aus dem nachstehend einige ausgewählte Passagen aufgeführt sind:

«7. März 1970. Meine verehrten unbekannten Freunde aus einem andern Lager in Freundschaft, Antwort auf Brief, Geehrter Herr Lerch! (...) Ich muss Sie ein wenig orientieren: Patrizier hat es in Bern gar keine gegeben, das ist eine Bezeichnung für deutsche Handelsstätte, für Bank, Leute, Geldwechsel (vielleicht Handwerker Meister?), aber sicher grosse Handelsherren, (...) Nun die Tscharner sind da in Bern gar nicht die Fürnämsten der Fürnämen, kamen anfang 1500 mit ihrem Hauszeichen aus dem Domleschg aus Chur nach Bern, nahmen später das in Chur Adelswappen der Tscharner von dort an, also bin ich eine bescheidene unter alten Bernerfamilien, aber ich besass beim Tod meines Vaters die ganze Fassade des Münsterplatzes gegenüber dem Münster (Tscharnerhaus, Niklaus Manuel Haus, hinter dem Moses Brunnen durch) und verkaufte es für wenig Geld (etwa 350 Tausend) dem Kanton Bern – blutenden Herzens, aber bereue es nicht, weil mir das Krebsgewächs der Eidgenossenschaft in der Stadt Bern nicht passt. (...) Sehr Freude macht mir im Alter ein Kontakt mit Studenten-Mietern in meinen verlotterten alten Häusern Junkerngasse, Münstergasse, Kramgasse, Herrengasse und Spitalgasse. (...) Jahrelang hatte ich selber grosse Landwirtschaft in Rümligen, aber jetzt Pächter und nur Stammbaum-Zuchtsäue.»

Madame de Meuron vor einem Portrait ihrer Mutter. (Foto: Paul Müller/«Der Bund», Bern)

«15.1.1971, Geehrter Lerch, obwohl man mich irgendwanneinmal vor Ihnen gewarnt hat, will ich Ihnen unvoreingenommen in vollkommener Achtung der Verschiedenheit meiner Mitmenschen, welche wir alle sind und so verschieden geraten, alle mit ungeschriebenem Gesetz oder Schicksal in welchem sie hineingeboren werden – man weiss nicht was es ist – aber sicher ist alles was sich ergibt erbarmungslos: Folgerichtig. Es ist wohl zu spät mit mir zusammenzukommen, weil mein Gedächtnis sich verwirrt, ich Worte und Namen verwechsle. Mein Motto für meine Todesanzeige wäre ein Lied, das ich früher sang:

Und meine Seele
spannte weit die Flügel aus
flog durch die hellen Lande
als flöge sie nach Haus. (...)

Solch seltsame Ungereimtheiten gibt es viel in meinem Leben, denn 88 Jahre zu leben ist ein weiter Weg, (...) Alles ist Unsinn gewesen, sehr schöner, herrlicher Unsinn (...) Dabei war ich steif und dünn, was meine Schönheit noch glänzender machte und war tugendhaft und ängstlich vor Verliebtheiten des männlichen Geschlechts – hatte einen prächtigen Rahmen von Haus aus. Gerne will ich Sie in guter Jahreszeit einmal sehn, wenn mein Greisen-Zustand es mir erlaubt, Dekorativ bin ich gewesen aber bin es jetzt nicht mehr. (...)».
Beruhigend schrieb Elisabeth von Meuron hingegen am Mittwoch nach Ostern, 1971: «(...) Es eilt nicht, dass wir uns sehn – meine Gesundheit ist gut (...) Alles was es gibt hat eine Berechtigung, scheint mir, das Gute wie das Böse, das Schöne, wie das Hässliche – das ist das Leben, das wir zu leben haben, ohne je die ganze Wahrheit erfassen zu können, welche uns vermutlich verbrennen, verzehren würde und unendlicher Schmerz und kaum Erlösung wäre und so wandeln wir besser unsere Strasse mit unserem eingeschriebenen Gesetz, das

Elisabeth de Meuron – auf diesem seltenen Bilddokument als vielleicht 18–20jährige junge Dame der traditionsreichen Berner Gesellschaft. (Foto: Privatbesitz)

nicht das Gleiche ist für alle und haben einander zu achten und weder zu richten oder Kritik zu üben. – Bei Gelegenheit hoffe ich Sie Herr Lerch einmal zu sehen. – Ueberarbeiten Sie sich ja nicht, warten Sie bis Ihr Wachstum reift.»
«21.6.1971, ganz überlastet lieber Lerch, probiert man Ihnen heute abzutelefonieren. Unsere Post ist denkbar schlecht. Ich erhole mich nicht von diesem Treppensturz, Sie werden sehn, denn ich rechne fest auf eine Zusammenkunft. Telefonieren geht bei meiner Schwerhörigkeit schlecht. (...) Nur ungern schreibe ich Ihnen von meinem jetzigen körperlichen Elend, das ich geheim zu halten suche. (...) Ich habe von einem geglätteten Geschenkpackpapier aufs Briefpapier geklebt und bitte Sie, nachzusehen, ob alle Kantone drauf sind und mir bei Gelegenheit berichten, wieviel Kantone die Schweiz hat. Alt-Bern hat sich nie um alle Kantone gekümmert und ich verdächtige jetziges lebendiges Jung-Bern zu welchem Sie gehören, kümmere sich auch nicht genügend darum, und in jetzigen Zeiten politischen und religiösen chaotischen Werdens sollte die Schweiz kein Sammelsurium von Rassen sein, aber ein zusammengewachsener Klumpen werden, ohne Fragwürdigkeiten. (...) Alles Gute, halten Sie mir treu Gesellschaft mit Eurem jungen Gedankengut, weil es meinem Gedankengut Neues bringt. Elisabeth v. Meuron-Tscharner geboren 1882 (1882 könnt Ihr rechnen?)».

Madame de Meuron erlaubte in einem Schreiben Hansruedi Lerch ausdrücklich, dass er ihren Namen im Titel seiner Publikation verwenden dürfe. Dies sollte eine Ausnahme bleiben, wie ein Schreiben, datiert vom 2. August 1971 beweist: «Geehrter Lerch, wegen Ihnen sind mir unendliche Widerwärtigkeiten entstanden dadurch, dass bekannt wurde, dass ich Ihnen erlaubte, meinen Namen in Ihrer Publikation bei Bentely anzuführen und ich ändere nichts daran. (..)».

Bei den Bern-Besuchen war Madame de Meuron alle Dienstage von 14.00 bis 14.30 Uhr in ihrem Haus an der Junkerngasse 5 anzutreffen. «Die Junkern-

Elisabeth de Meuron erledigte bis zu ihrem 96. Lebensjahr alle Korrespondenz selber, mit klarer, gerader Schrift.
(Foto: Peter Lauri, Bern)

Madame de Meuron in den Lauben der Junkerngasse, an der ihr vier Häuser (Nrn. 5, 7, 9 und 10) gehörten.
(Foto: Peter Lauri, Bern)

gasse 5 ist mein Absteigequartier und die Junkerngasse 10, ein altes Stallgebäude gegenüber, auch».

Die edlen Züge von Madame de Meuron klingen aus den Worten, die sie Hansruedi Lerch, den sie immer noch nie gesehen hat, widmete: «Wir sind allerdings sehr verschieden voneinander und werden danach trachten müssen, ehrlich miteinander zu sprechen ohne uns zu verletzen, einfach uns sein zu lassen, was wir sind. In Wahrheit der Sinn oder einfach, die sichere Wahrheit gibt es nicht. Ist der einige Gott: Gott und der Teufel zugleich, weiss man nicht und wir müssen achten, was wir nicht verstehn. (...) In Zusammengehörigkeit.»

Nach Erscheinen des Buches schrieb Madame de Meuron am 21.11.1971: «(...) Nun hat mich Ihr anständiges Büchlein getröstet und hat als Gegenpol Gleichgewicht in meine Verwirrung gebracht. (...) Mir hat Ihr Büchlein sehr Freude gemacht (...) Paix soit aux hommes de bonne volonté. Elisabeth v. Meuron-Tscharner, es ist nicht wahrscheinlich dass ich genesen werde – falls es der Fall wäre, wollen wir uns sehn.»

Immer enger verbunden, freundschaftlicher und persönlicher, gestalte sich im Laufe der Zeit der Briefwechsel zwischen Elisabeth de Meuron und Corinne Pulver, die die alte Dame in einem Film portraitiert hatte. Ihr gegenüber öffnete sich Madame de Meuron, vertraute ihr Sätze an wie: «Nous étions terrorisé par nos parents» (*«Wir wurden durch unsere Eltern terrorisiert»*) und brachte damit etwas Licht in ihre Vergangenheit. Mit bunten Filzstiften beschrieb sie viele Blätter, ein paar hatte sie sogar mit farbigem Geschenkpapier am Rande geschmückt, auf dass das Briefpapier etwas fröhlicher wirke. «(...) Mon papier à lettre est décoré par moi de papier d'emballage des confiseurs, je n'ai qu'une main utilisable et ça et là je m'amuse de coller avec une main (...)». (*«Mein Briefpapier ist von mir selber mit Geschenkpapier aus Confiserien geschmückt. Da ich nur mehr eine Hand gebrauchen kann, versuche ich ab und zu einhändig*

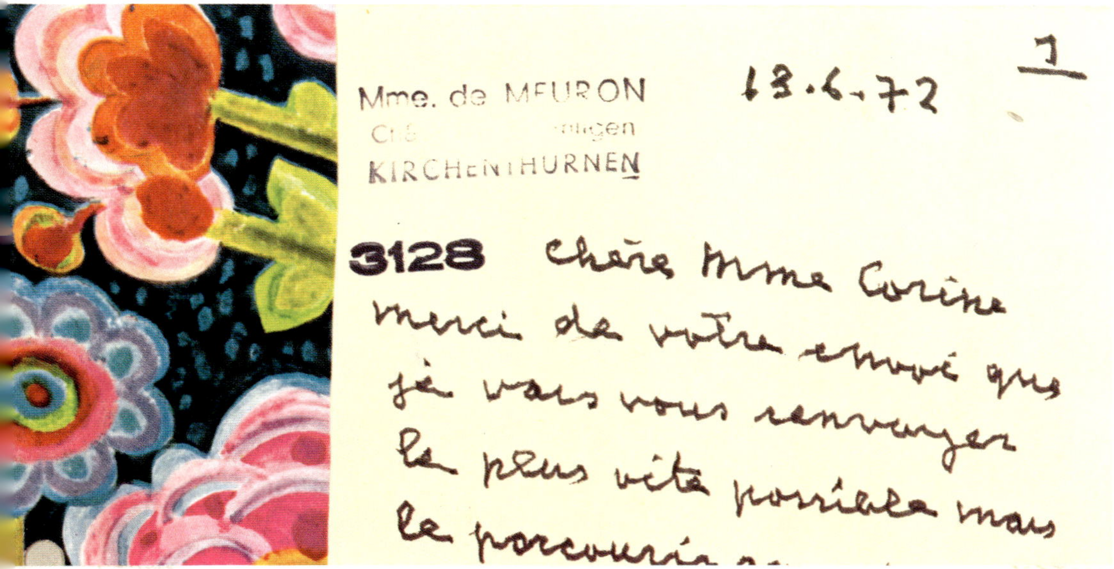

Mme. de MEURON
C/o ....ingen
KIRCHENTHURNEN

13.6.72

3128 Chère Mme Corine
merci de votre envoi que
je vais vous renvoyer
le plus vite possible mais
le parcourir ...

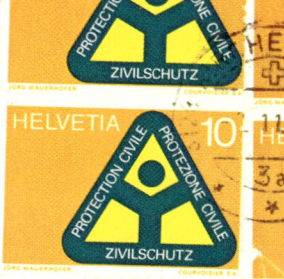

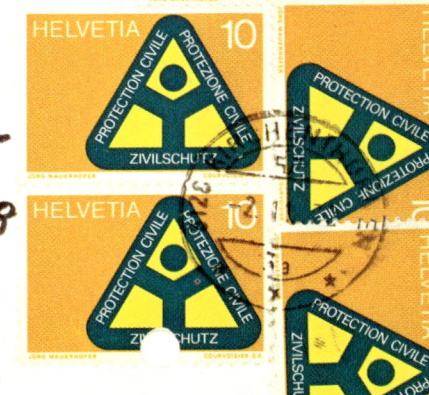

Madame Corinne Pulver
route de Suisse 68
129 Versoix
Genève

etwas aufzukleben»). Nebst dem Geschenkpapier hat Madame de Meuron auch Prospektbildchen ausgeschnitten und als Briefkopf aufgeleimt. Je nach Inhalt der Briefe wählte sie verschiedene Anreden wie «Chère Mademoiselle Pulver», Chère Amie», «Chère Madame Corinne», «Chère Corinne Pulver», «Chère jeune Amie» oder einmal gar kokett «Chère amie, il est vrai, chère un peu méchante amie».

Im Jahr 1971 vertraute Madame de Meuron Corinne Pulver an: «J'ai été très gatée, je regrette…» *(«Ich war sehr verwöhnt, ich bedaure dies.»)* Auf der Rückseite eines Couverts stand scheinbar ohne Zusammenhang «Moi j'étais innocente et stupide en plus» *(«Ich war unwissend und dazu noch dumm.»)* Daneben findet sich in einem andern Schreiben die Weisheit: «Ce qu'on aurait aimé dans la vie on ne l'a jamais eu et finalement on s'arrange de réussir de voir ce qui on a reçu sans l'avoir désiré.» *(«Was man im Leben hätte lieben wollen, hat man nie bekommen und schliesslich findet man sich damit ab, zu sehen, was man bekommen hat, ohne es je gewünscht zu haben.»)*
Schliesslich setzte Madame de Meuron allen Grübeleien und schweren Gedanken den vielleicht mutigen, vielleicht fatalistischen Satz entgegen: «What is is Best!»

Eine umfangreiche Korrespondenz mit Madame de Meuron führte während vielen Jahren auch X, der lange in einer ihrer Liegenschaften lebte. Nach den ersten Briefen voller Skepsis, wurde der Ton von Madame de Meuron immer freundschaftlicher, ja oft geradezu vertraut. Doch dies hinderte die «grande dame» nicht, X ab und zu wegen Banalitäten böse Worte zu schreiben. Die meisten Briefe sind gestempelt, einige sogar versiegelt. Auch hier wechselten die Anreden je nach Inhalt des Briefes von «Verehrter X» bis zu «Mein lieber X» oder einfach nur «X». In einem Brief drückte sie gar herzliche Anteilnahme aus; datiert vom 18.6.71:

«Erlauben Sie mir bitte, als sehr alte Frau und Bernerin, wie Sie, bodenständig in dieser unbeständigen Neuzeit, Ihnen mein herzliches Beileid auszusprechen, dass es in Ihrem Heim und in Ihrem Herzen Begebenheiten oder nur Gefühle gegeben hat, welche im Innern stillschweigend getragen werden, als altes Bernerwort:

«Schweig, leid, meid
und ertrag
Deine Not niemand klag.»

Mein Vater am Münsterplatz gab mir diesen trostlosen Spruch in die Hand... und viel später in meinem Leben geschah mir auch eine wahre Überschwemmung – ein Bergsturz von Unannehmlichkeiten und ich musste sowieso schweigen. Jetzt im Alter – ich werde 89 – wird alles erträglicher und weniger verletzend in der Erinnerung und in der Gegenwart sogar. (...) Zu den Kindern: meine einzige Tochter ist nach Marokko ausgewandert, und mein Sohn, unheilbar krank, erlöste sich durch Selbstmord 1939. (...).» Mit orangem Filzstift steht unten noch ein P.S. geschrieben: «Der Spruch ist falsch von mir aufgeschrieben. Irgendwo gehört noch «Auf Gott nicht verzag», nur ist mir das nicht im Kopf geblieben weil ich schon lang nicht mehr recht dran glaube.» Ungnädig zeigte sich die «Madame» gegenüber einem Gast von X, der sein Auto in der Nähe des Eingangstors parkiert hatte: «An Automobilist oder Fräulein. Wer Sie sind weiss ich nicht, aber mir scheint, Sie sollten von selber wissen, dass man da in meinem oder andern Menschen Eingang nicht zu parkieren hat...».
Auf einer Fotografie notierte Elisabeth de Meuron am 7.9.1971: «Beigelegtes Bild ist in Amsoldingen, ein vernachlässigtes, mir gehörendes Gut, das mir auch noch Arbeit gibt, vor dem Winter.»
Mahnende Worte fand sie am 8.9.1971 «Es geht nicht, dass Sie Ihren Hund so viel allein lassen, er wird zu scharf im Hüten, er hat versucht, mich von hinten

zu packen, jetzt wo Sie diesen Draht gespannt haben. Dressur vererbt sich bei solchen Hunden und man muss ihn dafür nicht strafen. Sie müssen sich mehr mit ihm abgeben...»
«Mein lieber X (...) auf meinem schönsten Briefpapier möchte ich danken (...)»
«Verehrter X, wie nett von Ihnen sich meiner zu erinnern und mir Blumen zu schicken! Ich danke, danke Ihnen aufrichtig.»
Am 18.9.1975 erhielt X folgende Zeilen der 93jährigen Madame de Meuron: «(...) Im verkäuflichen Zimmer habe ich gestern eine stellenlose Sekretärin aus Zürich einlogiert (...) Falls Sie Adressen von Büros wissen, empfehle ich mich, aber Ihnen empfehle ich die Dame nicht, sie ist umständlich.»
«Ich verlösche langsam, lieber Y. Suchen Sie nicht weiter zu verstehen, nehmen Sie die Welt wie Sie ist... und thun Sie doch, was Sie nicht lassen können, um diese zu bessern, ich bin dabei...» Diesen Satz, in dem Elisabeth de Meuron Resignation, Hoffnung und Mut gleichzeitig Ausdruck gibt, schrieb sie am 2. April 1973 in einem Brief an Y, der als städtischer Beamter auch beruflich mit Madame de Meuron zu tun hatte. Im gleichen Schreiben gab sie einen Teil ihrer Gedanken zur Religion und Philosophie preis, Gedanken einer weisen, klugen alten Frau, die sich – damals 91jährig – immer noch dem Leben stellte, und dessen Herausforderung annahm. Zeilen, die prädestiniert sind, die Märchen und Legenden vom Standesdünkel und der Arroganz, die dieser Frau immer wieder angedichtet wurden, zu zerstören. «(...) In der Nacht versuche ich Ihrem geistigen Weg zu folgen vom Brief 6.2.73. Fast scheut man sich auszusprechen, dass man oft meinen könnte, einem geistigen Scherbenhaufen von Glas und Porzellan gegenüber zu sein – und das ist sicher falsch. Es ändert eben und ist das Prinzip von Werden und Vergehen, geistig sachlich für unsere Erdkugel und uns Menschen/Tieren ist nicht gestattet, Gott wirklich zu sehn, falls es überhaupt einen gäbe, was nicht ausgeschlossen ist. Unsere Religion ist ein Machwerk der Menschen. Die christliche Religion oder Kirche von heute ist wie ein

alter Hut zum Wegwerfen mit seinem Klein-Asiatischen Geisterspuk – aber doch ist im Neuen Testament Lutherbibel oder anderen nahrhaftes, lebendiges zu finden wie das Gleichnis der 3 Pfunde, dass man seine Gaben und Möglichkeiten nicht begraben darf, sondern sehn, dass diese Früchte tragen. Natürlich sind unsere Gaben sehr beschränkt und jeder hat scheinbar sein eingeschriebenes Gesetz und ein Gebiet, da ist die Politik für gewisse Menschen ein Lebensgesetz und da ist die Christenheit wieder von Nutzen aber – vielleicht nicht zuverlässig. Das Lutherlied mit seinem Unsinn: Und wenn die Welt voll Teufel wär usw. sollte Ihr Weggesang sein – es passt ganz gut für Sie, Y. Überhaupt sind gute Räthe und Aussprüche von unersetzlichem Wert für alle Situationen, – einzig die Pfarrherren sind nicht unbedingt vor dem Satan geschützt. (...)» In der Anrede eines anderen Briefes aus dem gleichen Jahr titulierte Madame de Meuron Y: «Verehrter Y, Notar und Hauptmann Fotograf Vater und vielleicht nur 3/4-Qualität für die zartere Ehefrau» (...). In diesem Brief tönte es manchmal traurig, manchmal fröhlich, Fatalismus und Lebensfreude wechseln sich von Zeile zu Zeile ab. «(...) und ich, geistig und körperlich eine Ruine, mit allem nach Bernischer Tüchtigkeit wie ein Maikäfer ohne Kopf in Berns Gassen, halb gelähmt, in Berns Gassen am Stock herumzulaufen um das Nötigste zu erledigen – denn am Telefon höre ich auch nichts mehr und Angestellte aller Art verschwinden durch Tod und Altersschwäche. Grittli ist baufällig mit 80 Jahren aber noch die einzige Stütze – dabei finde ich, es laufe alles glänzend bei dieser fürchterlichen Lage und freue mich jeder Kleinigkeit, welche nicht misslingt, so z.B. der Höflichkeit und Hilfe der Zuchtaustelle für künstliche Besamung der Zuchtsäue von ausländischen Ebern, welche ich besichtigen durfte, aber dann Grittli sehr kolderig wurde für Telefone. Eine Sache ohne Wert und Sie schreiben mir diesen wunderbaren Brief der im Grunde ja genau zu mir passt. Einen Brief vom Jahr 1971 lag dabei, den ich jetzt ordnungsgemäss zerrissen in den Papierkorb tat und den neuen behalte, für welchen ich danke und mich an mein eigenes

Selbst erinnert und das im Leben etwas sehr strapaziert, trotzdem dass es so viel Gutes und Schönes, das es in unserem Leben gibt, das es den Wert hat, gelebt zu haben (...).»Wenn einiges auch zusammenhanglos scheint für Uneingeweihte, ist es doch, trotz der Sprunghaftigkeit der Gedanken, verständlich und sinngemäss klar durchschaubar.

Auf einem halben A4-Briefpapier erhielt Y eine «Notiz», die trotz aller Aufregung klar lesbar ist: «Kurz nachdem die Rosen kamen, ging der Teufel für mich los. Ich ging seit Herbst zum ersten Mal an einem Montag – also heute vor 8 Tagen nach Amsoldingen und bei der Küche sah ich sofort etwas... Es war eingebrochen, nach Waffen gesucht, geschändet, verdorben, Polizei, Fingerabdrücke, wie schon vor Jahren, nichts als Kosten und Aufregung, aber Bürgerpflicht, es zu melden, es kommt nie nichts dabei heraus, weil man zurückhaben will, immer bei Käufern zu zahlen ist.»

«Etwa im Jahr 1971», erzählt Y, «spazierte ich einmal mit Madame de Meuron auf einem Stück Land, das ihr einmal gehört hatte. Mittlerweile wurde gebaut, das Terrain war uneben, ich stützte die «Madame» mit meinem Arm. Trotzdem stolperte sie über einen Brombeerstrauch und riss mich mit zu Boden. Ihr Kommentar dazu: «Gälled, wenn ig 40 Jahr jünger wär u Dihr 30 Jahr älter wäred, de würde mer noh grad e chli blibe.»

Bei einem Besuch bei Y zu Hause, seine Familie bewohnt ein Einfamilienhaus in einer Siedlung, zeigte Madame de Meuron auf die Einstellhalle und fragte: «Was isch das für nes Loch?» Als Y ihr die Garage erklärt hatte, zeigte Madame de Meuron auf einen Nachbarn, der dort gerade sein Auto polierte und sagte: «Aha, me hett sogar e Wagewäscher».

Unvergesslich bleibt Y auch in Erinnerung, wie er einst von Madame de Meuron den Direktoren und Verwaltungsräten eines Berner Unternehmens vorgestellt wurde: «Är isch e höchere Beamte, hett aber überhoupt nüt z'säge».

So zeichnete die 8jährige Schülerin Simonetta Elisabeth de Meuron nach ihrer ersten Begegnung. (Zeichnung: Privatbesitz)

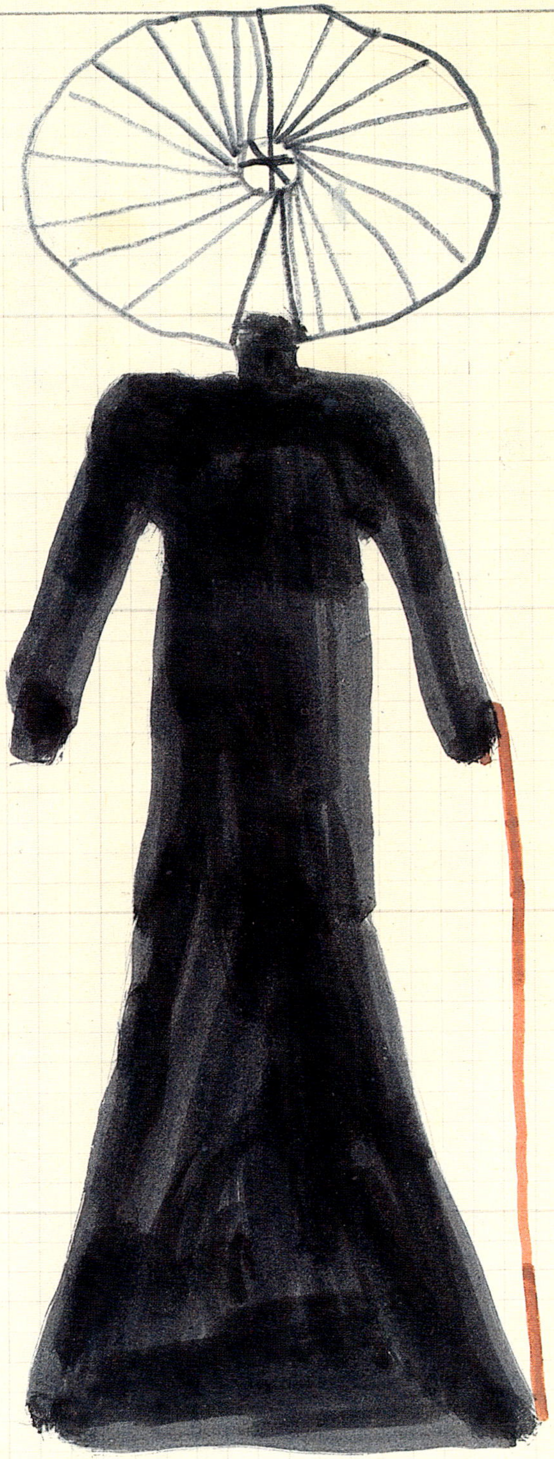

Auf dem langen Lebensweg von Elisabeth de Meuron-de Tscharner war ihr in den letzten beiden Jahren Pfarrer Paul Zoss aus Riggisberg ein stiller Begleiter. Er erzählt: «Fast dankbar waren wir, dass wir Frau de Meuron betreuen und pflegen durften, als sie am 1. April 1978 nach ihrem Unfall ins Spital von Riggisberg gebracht wurde. Sie hat sich zwar sehr gegen eine Einlieferung gewehrt und musste das Leben im Spital erst kennenlernen. Madame de Meuron hatte einige Schwierigkeiten mit der Gegenwart. Dagegen erinnerte sie sich ganz klar an die Vergangenheit. Ich bat sie daher oft, mir Geschichten und Episoden von früher zu erzählen. Während meiner Besuche in den letzten zwei Jahren brach immer wieder ihre aristokratische Haltung, im guten Sinne, durch. Nie hörte ich von ihr eine eigentliche Klage, hingegen oftmals Sätze, die mich erschütterten. Ich habe zu Madame de Meuron einen guten Zugang finden dürfen. Manchmal haben wir uns auch geschrieben – immer französisch. Zum ersten Mal habe ich Madame de Meuron 1927 gesehen, sie blieb mir, ich war damals 7jährig – nachhaltig in Erinnerung. Sie war eine schöne grosse Frau mit langen Handschuhen und einem eleganten Hut. Meinem Vater, der als Lehrer jedes Jahr in Riggisberg eine Ferienkolonie der Stadt Bern leitete, erlaubte sie, mit den Schülern durch den Park zu spazieren. Manchmal schenkte sie den Buben Pfauenfedern.

Nach meinem Stellenantritt als Pfarrer in Riggisberg, 1953, besuchte Madame de Meuron während einigen Jahren die Weihnachtsfeiern im Pflegeheim und einmal im Altersheim. Bei einer kurzen Ansprache steckte sie einmal ihr Hörrohr bereits nach wenigen Minuten wieder in ihren Muff zurück. Später sagte sie mir dann: «Gälled, Dihr entschuldiget, dass i nid so guet ha glost. Wüsset der, i ghöre nume was i wott. U dernäbe heit Dihr so fründlech dry gluegt u das tuets doch eigentlich». Ihr Suchen nach Anerkennung, Freundlichkeit und Liebeszeichen verbarg sie hinter solchen und ähnlichen Bonmots.

Ich habe im Gespräch mit Madame de Meuron viel Schönes, Bereicherndes er-

Dieser Wandspruch ist ein Detail über den Chorstühlen in der Kirche von Kirchenthurnen. (Foto: Rieben, Bern)

lebt – gerade auch als Feldprediger – und viel von ihr und ihrer Welt erfahren. In der letzten Zeit ihres Lebens haben wir auch über Glaubensfragen diskutiert. Die Behauptung, sie sei ein gottloser Mensch gewesen, stimmt nicht. Einmal hat sie mich gefragt, ob ich denn das auch alles glaube, was ich erzähle. Auf meine Bejahung und die Erklärungen dazu meinte sie dann: «Das isch rächt!»
Ihr Scheiden aus dieser Welt kam für alle überraschend, nachdem sie sich ein paar Tage lang unwohl gefühlt hatte, verstarb sie am 22. Mai, kurz vor Pfingsten. Ich denke jetzt an ein Wort von Antoine de Saint Exupéry, das sie mit grossem Staunen aufnahm und vielleicht sogar mitnahm: «Aimer – ce n'est pas seulement se regarder dans les yeux, mais regarder dans la même direction.»
(*«Sich lieb haben heisst nicht nur, sich in die Augen zu schauen – das heisst, gemeinsam in die gleiche Richtung blicken!»*)

> **Herr ich habe lieb die Stätte deines Hauses und den Ort da deine Ehre wohnt**
> **Ps. 26.8.**

DER SPIEGEL

C 7007 CX
Nr. 23
34. Jahrgang DM 3,–
2. Juni 1980

REGISTER

BERUFLICHES

Cyrus Vance, 63, Ex-US-Außenminister, kehrt in seinen alten Beruf als Rechtsanwalt zurück. Vance, der Ende April sein Amt niedergelegt hatte, weil US-Präsident Jimmy Carter gegen seinen Rat die — mißglückte — Geiselbefreiungsaktion in Teheran hatte durchführen lassen, wird ab Juni wieder in der New Yorker Anwalts-Sozietät Simpson, Thacher & Bartlett arbeiten, die er 1977 verlassen hatte, um als Nachfolger Henry Kissingers das Amt des Außenministers zu übernehmen. In der Anwaltsfirma war Vance, der eine Zeitung auch als Präsident der einflußreichen New Yorker Anwaltskammer fungierte, bereits seit 1947 tätig, ab 1956 als Teilhaber.

GESTORBEN

Elisabeth de Meuron, 97. Die letzte wirkliche Berner Patrizierin, Besitzerin riesiger Ländereien, zweier Schlösser und zahlreicher Altstadt-Häuser, galt ihren Landsleuten schon zu Lebzeiten als Legende. Bekleidet mit wallendem Rock und Mantel, riesigem Strohhut und einem Hörrohr in der Tasche, machte sie bis ins hohe Alter regelmäßig in der Stadt ihre Besorgungen. Ihr ständiger Geldmangel war ebenso Gegenstand immer neuer Anekdoten wie ihre beharrliche Weigerung, etwas von ihrem Besitz zu verkaufen. Auf ihrem Schloß Rümligen führte sie ein zurückgezogenes, spartanisches Leben, bestimmt von den Traditionen ihrer Vorfahren, den patriarchalischen „gnädigen Herren von Bern", wie jahrhundertelang herrschende Oberschicht genannt wurde. Denn an den Privilegien ihrer Herkunft ließ „Madame de Meuron", wie sie sich selbst nannte, nie Zweifel zu: „Im Himmel", vertrieb sie einst einen Bauern von ihrem ständigen Platz in der Kirche, „sind wir dann alle gleich. Hier unten aber muß Ordnung herrschen." Elisabeth de Meuron starb jetzt im Bezirksspital Riggisberg.

Peter Alfons Steiniger, 75. Der führende Ost-Berliner Völkerrechtler gehörte zu den Vätern der ersten DDR-Verfassung 1949, in der es für die Nation „nur eine deutsche Staatsangehörigkeit" gab und Deutschland als „unteilbare demokratische Republik" definiert wurde. Doch linientreu folgte SED-Mitglied Steiniger später dem Kurswechsel der Einheitspartei in der Deutschland-Politik und formulierte auch für die Behauptung des Gegenteils nötigen Rechtsgrundlagen. Der parteiliche Wissenschaftler, der in früheren Jahren Romane („Heinrich der Löwe"), Novellen („Das Judenklöster") und Dramen („Der arme Hiob") veröffentlichte, stand seit 1955 der DDR-Liga für die Vereinten Nationen vor und war seit 1958 Mitglied des Weltfriedensrates. Letzten Dienstag starb Peter Alfons Steiniger in Ost-Berlin.

EHRUNG

Margrethe II., 40, Königin von Dänemark, wurde am vergangenen Mittwoch in Kopenhagen als „Kunsthandwerkerin des Jahres" geehrt. Die Auszeichnung — eine Silbermedaille mit Urkunde — erhielt die Monarchin „in Anerkennung ihres Schaffens als Zeichnerin und Entwerferin". Margrethe hatte vor allem mit ihren Illustrationen zu J. R. R. Tolkiens gerade in diesem Jahr wieder zu Bestseller-Ehren gelangter Trilogie „Der Herr der Ringe" Aufsehen erregt. Die der düsteren Federzeichnungen (Abb.) hatten 1977 einer auf 1500 Exemplare limitierten Sonderausgabe des Tolkien-Werkes trotz des Stückpreises von rund 400 Mark zu raschem Absatz verholfen — nachdem das Pseudonym der Königin, Ingahild Grathmar, gelüftet worden war.

Madame de Meuron im Spiegel der Presse

Madame de Meuron hatte sich zu Lebzeiten auch Gedanken über die bernische Presselandschaft gemacht, wie die folgende Erklärung eindrücklich beweist: «Mis Blatt isch dr ‹Blick› und isch gar nid so schlächt (...) Also ds ‹Tagblatt› hett me abonniert, aber me dänkt nid dra s zläse, und dr ‹Bund› isch eigentlich unmöglech.»
(Ausgestrahlt am 23. Mai 1980 im «Regionaljournal» aus dem Radio DRS, Studio Bern.)

«Das Regiment der bernischen «gnädigen Herren» wurde schon vom eifrigen Vertreter der französischen Revolution, dem General Bonaparte, aufgehoben. Als sich dieser muntere Republikaner wenige Jahre später höchst eigenhändig zum Kaiser krönte, besass er nicht die Kollegialität, seine blaublütigen Schweizer Standesgenossen ebenfalls wieder in den Besitz ihrer aristokratischen Vorrechte gelangen zu lassen. (...) Indessen gibt es noch eine einzelne Aristokratin, die den Geist der alten Zeit heraufbeschwört. Sie ist alt, aber keine Greisin. Seit Jahrzehnten marschiert sie durch Berns Lauben, in einer majestätischen, aber sonderbar altmodischen Aufmachung, die oben mit einem unglaublich weitkrempigen Hut beginnt und unten mit hohen Schnürschuhen aufhört, von denen niemand weiss, wo sie heute noch verkauft oder angefertigt werden. Die Frau fährt mit einer Würde Trolleybus, als ob sie sechsspännig ausfahren würde. Dabei ersetzt sie mit ihrer Haltung keineswegs verloren gegangenen Reichtum. Nein, reich ist die Familie gottseilobunddank geblieben. Halb Bern wird von

---

Nicht nur die schweizerische Tagespresse berichtete vom Ableben der «grossen alten Dame von Bern»: sogar das deutsche Nachrichtenmagazin «Der Spiegel» machte einen kurzen Nachruf. Der «Blick»: tägliche Lektüre von Madame de Meuron.

unserer Edelfrau vewaltet. (...) Selber residiert unsere Dame in einem Schloss auf dem Lande, und es wird behauptet, sie habe einmal einen Dieb von Feldfrüchten eigenmächtig im Turme eingesperrt. Angeklagt der Freiheitsberaubung, soll sie eine Urkunde aus dem 17. Jahrhundert vorgewiesen haben, derzufolge ihr das Recht auf Ausübung der «niedrigen Gerichtsbarkeit» zustehe». (Schweizer Wochenzeitung, 27. Februar 1958)

(...) «Mme de Meuron, die sich selbst schlicht «Landwirtin» nennt, ist sehr belesen und mit allen Fasern ihres Wesens der Natur und der Tierwelt zugetan, fördert in ihrer Wohngemeinde neben dem Reitsport auch das Jodeln und Alphornblasen. Ihr selbst und der ganzen Umwelt gegenüber sehr offen, wird sie mit ihren festen Ansichten nicht überall verstanden. «Tenebo (ich werde halten) ist die altmodische Devise der Tscharner, und das scheint in der heutigen Zeit Gift zu sein», schreibt die Jubilarin in einem Brief. «Und überhaupt, das Lebendige blüht und verwelkt, und Neues kommt.» (Sonntags-Illustrierte der Neuen Berner Zeitung, 25./26. August 1962)

«Ah, Sie sind von der Zeitung! Dann schreiben Sie, wenn Sie gefällig sein wollen, die komische, stadtbekannte Alte erfreue sich einer guten Gesundheit und habe sich die Freude an den Menschen und Tieren erhalten. Was wollen Sie sonst noch wissen?» Und ohne eine Antwort abzuwarten, «diktiert» sie: «Ich bin am 22. April 1882 im Von-Tscharner-Haus am Münsterplatz 12 als Tochter eines Obersten von Tscharner, von dem man seinerzeit gesprochen hat, zur Welt gekommen, heiratete 1905 einen Vetter de Meuron..., ah, ma vie, c'est pas du tout une marche de triomphe!» (...) An den Wänden des Bibliothekzimmers hängen Schulter an Schulter die Ahnenbilder und geben einen unerschöpflichen Gesprächsstoff ab. «Meine Ahnen haben so schöne Papiere wie meine Schweine!» Ungerührt spricht Madame de Meuron mit schonungsloser Offenheit von Vergangenem und Gegenwärtigem, wobei die ihr typische Art, in ihrem Urteil über Personen und Dinge kein Blatt vor den Mund zu nehmen, vor

Madame de Meuron liebte die stolze Rasse der russischen Windhunde. (Foto: Greti Oechsli, Bern)

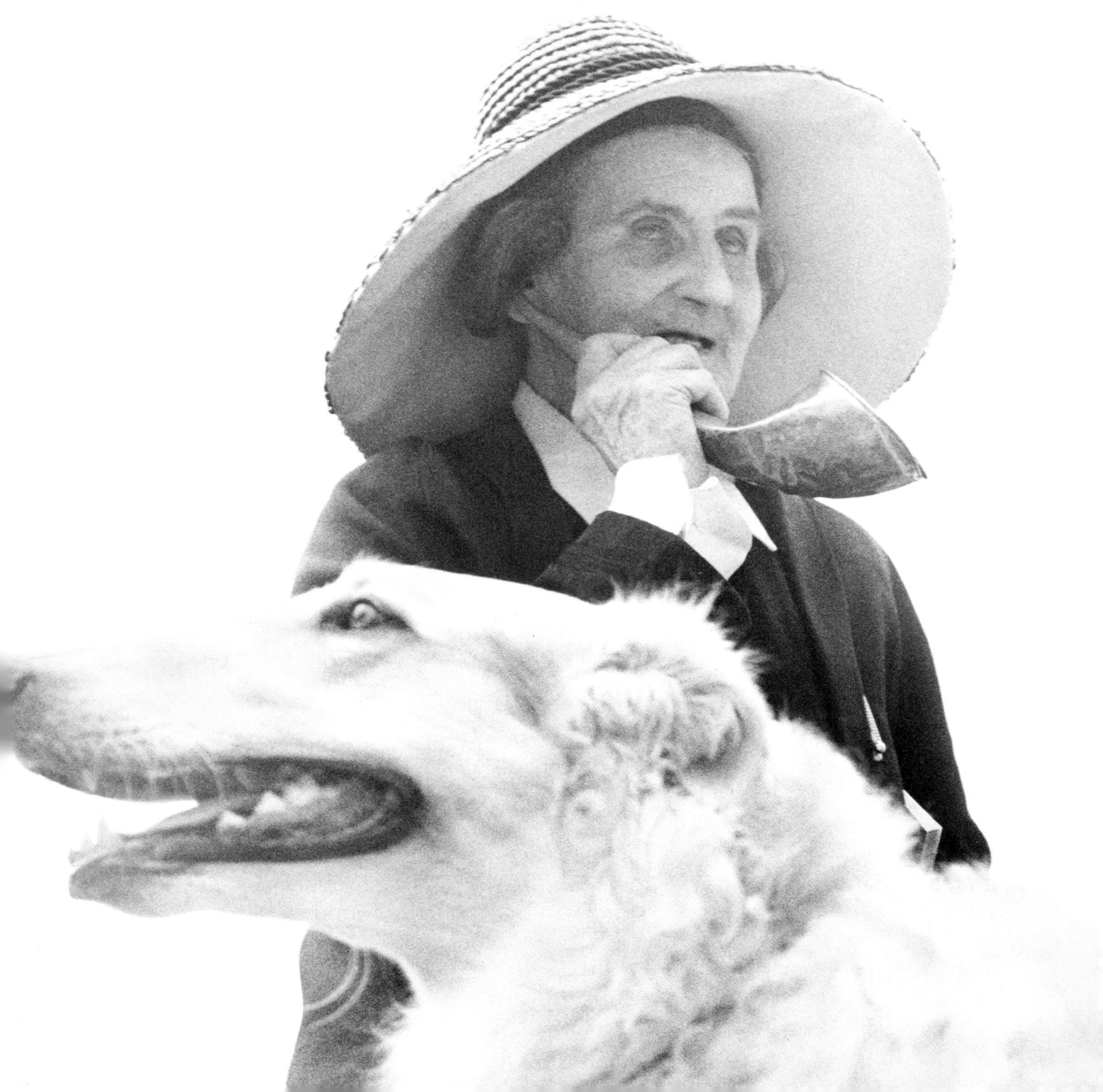

sich selber nicht halt macht: «Ich bin nicht gescheit, ich sage nur, was ich denke, wobei mir leider jede diplomatische Finesse fehlt. (...)» (u.a. Der Bund, 22. August 1962)

«(...) Ein Wunder, dass eine so unverhohlene Betonung des Besitzes und des Standes, mit der anderseits eine ebenso offen zur Schau getragene Missbilligung des «Nichtarrivierten» im Gleichschritt einhergeht, in unserer Zeit noch möglich ist? Mitnichten! Ganz Bern und die Landbevölkerung im Gürbetal und im Oberland, die mit der sonderbaren Frau in Berührung kommt, nimmt die Schlossherrin, wie sie ist und sich gibt. Ihre Bonmots, in vornehmstem Patrizier-Berndeutsch mit dem klangvoll rollenden Halszäpfchen-R gesprochen, machen bei Gross und Klein die Runde und werden mit Schmunzeln aufgenommen. (...) mag sein, dass dazu auch die tiefe Beziehung der prononciert altmodischen Madame zu Natur und Tier, zur Welt der Bauern beiträgt. Elisabeth de Meuron ist nicht nur belesen und im kulturellen Bezirk ihrer eigenen Welt als geistreicher Mensch bewandert, sondern weiss komplett und ausgezeichnet Bescheid in vielen Gebieten der Landwirtschaft, insbesondere der Tierzucht. Und dass sie etwas kennt und weiss, bringt sie ihrer Mitwelt auch mit entsprechendem Stolz zur Kenntnis. (...)» (Madame de Meuron schrieb eigenhändig auf diesen Zeitungsausschnitt der «Neuen Zürcher Zeitung» vom 23. August 1967, Abendausgabe: «Auf Rückseite ist ein prächtiger Celio und netter Bonvin den ich kenne und sehr gealtert ist durch sein Amt.»)

«Man kann sie wahrscheinlich an einer Hand abzählen, die Springkonkurrenzen in unserem Land, an denen ein Bundesrat, zwei Korpskommandanten, ein Oberstdivisionär und mehrere Obersten teilnehmen, dazu eine Schlossherrin, deren Vorfahren jahrhundertelang bernische und zum Teil auch europäische Geschichte gemacht haben. Und eines dieser seltenen Reiterfeste organisiert vom Kavalleriereitverein Gürbetal, ging gestern wieder einmal im Dörfchen Rümligen über den von Obtl Messerli, Rümligen, und Gfr Rudolf Trachsel, Rüm-

Grosser Concours auf der Schlossmatte: Madame de Meuron mit dem damaligen Bundesrat Rudolf Gnägi und Paul Messerli, dem ehemaligen Gemeindepräsidenten von Rümligen. (Foto: Privatbesitz)

ligen, aufgebauten Parcours. – Wenn auch die Reiter, die mit ihren Pferden am Vormittag und Nachmittag gegen Hitze und Hindernisse gleichermassen zu kämpfen hatten und vor dem wahrscheinlich in der ganzen Welt einmaligen Gruppenspringen zu dritt noch mit einem Gewitterregen, keine internationalen Namen trugen, hatten sich auf der Ehrentribüne wie erwähnt dennoch traditionsgemäss eine Reihe bekannter Gäste eingefunden: Bundesrat Rudolf Gnägi, Oberstkorpskommandant Hirschy, Ausbildungschef der Armee, Oberstkorpskommandant Wille, Oberstdivisionär Thiébaud, Waffenchef der Mechanisierten und Leichten Truppen, sowie Regierungsrat Ernst Blaser, welche der Gastgeberin, Elisabeth de Meuron-de Tscharner die Reverenz erweisen. (...) (Tages-Nachrichten, 15. Juni 1970)

«Ohne grossen Pomp will sie ihren 90. Geburtstag begehen: Elisabeth de Meuron-de Tscharner, Schlossherrin zu Amsoldingen und Rümligen, Titelheldin eines Buches mit grossem Erfolg – sie selber lehnt es vehement ab – für viele eine legendäre Gestalt, für die Gürbetaler «d'Madame» – für alle, die ihr begegnen, eine grazile Dame mit starker Ausdruckskraft. (...) Nun lebt sie zurückgezogen am Längenberg, mit ihrer Haushälterin «Grittli» im alten Schloss aus der Römerzeit, bewacht von drei Riesenhunden, die gottlob mehr bellen als beissen. Mehrmals in der Woche steigt sie herab von ihrem herrschaftlichen Sitz hoch über dem Gürbetal, in dem das alte Bern in Büchern, Bildern und Waffen auf Schritt und Tritt noch leibt und lebt; dann fährt sie mit dem Zug nach Bern, eine hagere, lang-, schwarzgekleidete und behutete Gestalt. In «ihrem» Bern, einer Schöpfung ihrer unzähligen Vorfahren adeligen Standes, besucht sie wie andere Leute die grossen Warenhäuser, begegnet zwischen Bahnhof und Bärengraben vielem ehemaligem und noch jetzigem Eigentum und kümmert sich persönlich um die Mieter ihrer Häuser, Wohlhabende wie Studenten, aber alle nach ihrem Goût. Ganz spurlos an ihr vorübergegangen sind die neunzig Jährlein nicht, doch kompensiert sie das Alter, wie es in den Urkunden angegeben ist auf Jahr, Monat, Tag und Stunde, mit einem frischen Geist, einem erstaunlichen Erinnerungsvermögen und einer bemerkenswerten Vitalität. Ihren schweren Sturz von der gewundenen Steintreppe auf den Gangboden hat sie überwunden, die Brüche in der Schultergegend sind verheilt, den Schock bei der Herausgabe des Buches hat sie nicht vergessen, doch verkraftet. (...)» (Kurt Aeschimann, Tages Nachrichten, 19. August 1972)

«(...) Die Vollendung des neunten Lebensjahrzehnts kann sie in geistiger Vifheit und pointierter Gesprächslust feiern und in einer körperlichen Verfassung, der Wille und Selbstzucht die Kraft und die Haltung geben. (...) Handkehrum ist diese Madame de Meuron so unkonventionell wie der allerbeste Nonkonformist, so gesprächsbereit und diskussionsfreudig über Gott und die Welt, so entwaffnend zutraulich, so blitzend witzig, auch so sozial denkend und handelnd, dass

Die 90jährige Jubilarin im Garten von Schloss Rümligen. (Foto: Kurt Aeschimann, Münsingen)
Madame de Meuron vor dem Erlacherhof, Sitz der stadtbernischen Finanzdirektion. (Foto: Peter Lauri, Bern)

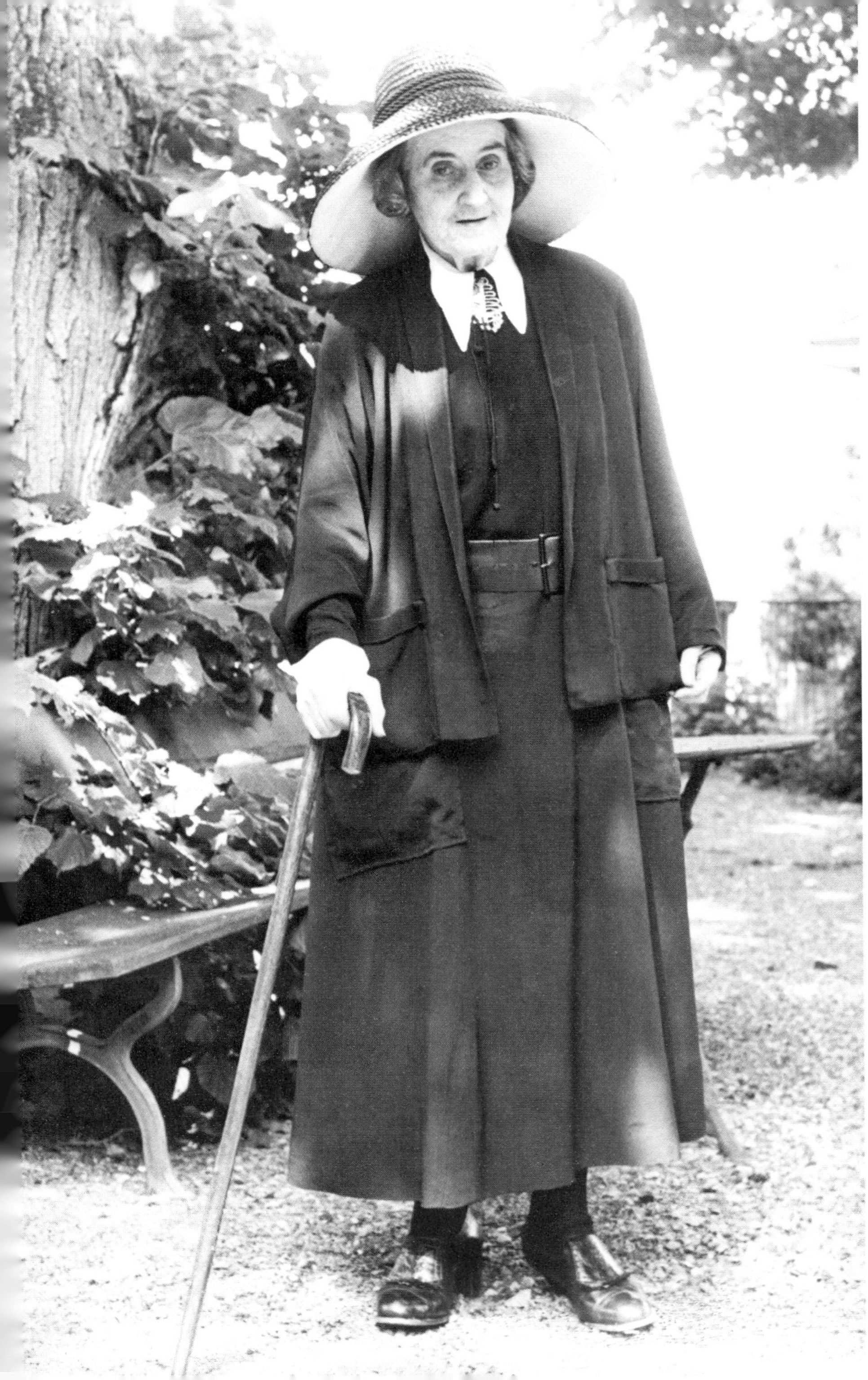
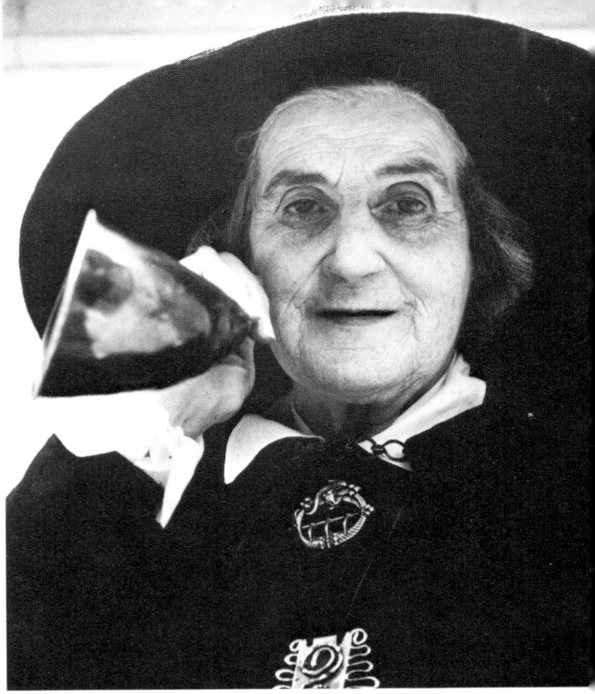
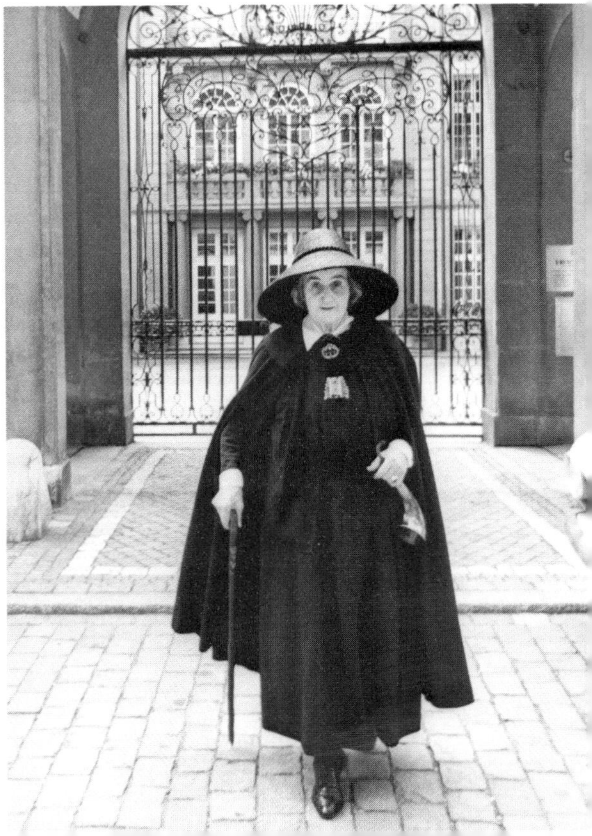

sie einem nahe kommt über all die Schranken hinweg, die für sie noch zu gelten scheinen.. Sie hat wohl eine eigene Lebenskunst entwickelt, die alte Dame, in ihrem langen, auch von Leid begleiteten Leben, und ihrem vielbespötteltem Hörrohr kommt dabei nicht geringe Bedeutung zu: Will sie hören, so hebt sie's ans Ohr, will sie nicht, dann eben nicht – das kann kein moderner Hörapparat so nützlich und so gut... So hat sie, in aristokratischer Isoliertheit und lebenstüchtiger Stadtverbundenheit, auf eine Weise sich selbst verwirklicht, die schon fast Legende ist: Man wundert sich über sie und bewundert sie zugleich. Und man wünscht Frau de Meuron von Herzen, dass sie in dem nun anhebenden neuen Jahrzehnt ihres Lebens in dieser Selbstverwirklichung fortschreiten möge bei geistiger Spannkraft und die Hinfälligkeit des Leibes meisternd wie bis anhin.» (Charles Cornu, Der Bund, 19. August 1972).

«I passe nümme i die Zyt.»
«Dihr sit sicher Tavel-Bewunderer. Für mi isch er es Brächmittel, es isch gar nid wahr, was er schrybt», sagt jene Frau, die es ja wissen muss: Madame de Meuron-von Tscharner, die adelige alte Dame, die – zusammen mit ihrer Bediensteten Grittli – auf Schloss Rümligen residiert und mit bewundernswerter Besessenheit ihre blaublütige Vergangenheit samt staubigen Traditionen in die hektische Betriebsamkeit der Gegenwart zu retten versucht. (...) «I bi d'Tochter von ere Erbin, nid aghüratet», betont sie, als sie uns von der BZ auf Schloss Rümligen empfängt. «Es isch e chli chalt bi üs. Wüll mer alli Öfeli mitenand agschtellt hei, het's üs grad d'Sicherige verjagt», meint sie, und führt uns durch die unzähligen Gemächer ihres Schlosses. Sie erläutert mit stolzem Standesbewusstsein ihre Ahnengalerie («Das si uninteressanti Chind, es si nume «von Werdt»... vo de «Erlach» und «Wattewyl» a wird's scho interessanter...») und betont öfter: «Hie isch nüt gchouft, das isch alles ererbt.» «Syt Dihr überhoupt gebildet, und heit Dihr de suberi Händ», will sie wissen, bevor sie ihre Fotoalben hervornimmt

Bildnis der damals 28jährigen Elisabeth de Meuron-von Tscharner. (Foto: Privatbesitz)

und aus jener Zeit zu berichten beginnt, als ihre Vergangenheit noch Zukunft war. «My Jugend isch chli verworre gsi. O wüsst Dihr, dr Läbeswäg vo dene vürnähme Töchtere isch nüt Schöns. Und doch muess i säge: es isch mängisch – i gute und i schlächte Zyte – ganz heiter zue und här gange. I bi hässlech gsi... aber wenn ig die Bilder aluege muess i eigetlech säge, es stimmt gar nid...» Das ist

Madame de Meuron als Erzählerin, als Frau, die – ohne sich von zusätzlichen Fragen irritieren zu lassen – in ihrer nicht immer leichten Vergangenheit schwelgt, oft zusammenhanglos Fragment um Fragment wie ein Puzzle zusammensetzt und schliesslich besorgt feststellt: «Aha, i bi entsetzt, was wärdet Dihr i Euem Blettli für ne Salat mache...» (...) Am liebsten hätte sie sich dann der Kunst verschrieben. «I ha wölle Malerin wärde oder uf Kunschtschuel ga, eigentlech alles e chli... U de – mit 23 – je me suis enfin mariée.» Es kommt wie ein Stosseufzer aus dem Mund der alten Dame. Und gleich darauf präzisiert sie: «Nach emne alte Bruch hani natürlech nid dörfe hürate wäni ha wölle.» Im übrigen findet sie ihre 1905 mit Frédérique de Meuron geschlossene Ehe «absolument pas intéressant», womit dieses Thema abgeschlossen ist. So ist Madame de Meuron. Wenn ihr eine Frage zu persönlich oder gar intim scheint, schaut sie uns zuerst lange kritisch an, um schliesslich fast verächtlich zu sagen: «Aba, so öppis fragt me doch nid. Das interessiert doch niemmer». Ähnlich fällt die Antwort auf unsere Frage nach originellen Erlebnissen aus ihrer Jugendzeit aus: «Originelli Ärläbnis si nid grad zum Verzelle...» sagt sie schelmisch lächelnd aber so bestimmt, dass ein Insistieren sinnlos erscheint. (...) Sie lässt sich nicht in ein Schema pressen und geht ihre eigenen Wege, ungeachtet ob sie damit die Aufmerksamkeit der Öffentlichkeit auf sich lenkt und ohne sich um die Meinung der andern zu kümmern. «I bin ä furchbar verschpäteti Person», sieht sie selbst ein, doch das stört weder Madame de Meuron noch uns Berner.» (Rita Jost/Walter Däpp, Berner Zeitung, 9. März 1973)

«(...) Über Madame de Meuron zirkulieren unzählige Müsterchen und Bonmots; teils wahre, teils (gut) erfundene. So soll sie sich weigern, bei den Städtischen Verkehrsbetrieben den Fahrpreis zu entrichten («I bi vor em Tram da gsi») und mit der Standardfrage: «Sit Dihr öpper, oder nämet Dihr Lohn?», so redet man ihr nach, mache sie deutlich, bezahlte Arbeit schicke sich nicht für Blaublütige. Vor Regierungsleuten hat sie so wenig Respekt, wie vor Obersten. «Salü Moser, chum ine!», so begrüsste sie vor einigen Jahren den damaligen Regierungspräsidenten auf Schloss Rümligen, und einen Besucher warnte sie anlässlich eines Rundganges durch die oberen Stockwerke des herrlich gelegenen Landsitzes inmitten eines leicht verwilderten Parks («A de Böim machen i nüt, die hei ou e Seel.»): «Trolet mer nid ab em Dach, es wär schad um e Chänel». Zu ihrem 95. Geburtstag meinte Frau de Meuron, sie werde bestimmt hundert Jahre alt. Wer ihr schon persönlich begegnet ist, zweifelt nicht daran.» (SPK/Sonntagsblatt, Beilage zum «Schweizer Bauer», 28. August 1977)

«Ihr Wissen, aber vor allem ihre geradezu jugendliche Neugier am aktuellen Geschehen ist schier unerschöpflich, ihre Lektüre besteht nur für den Uneingeweihten in Leder und Gold gebunden auf dem Bücherregal. In der klösterlichen Strenge ihres Schlosses mit seiner umfassenden Bibliothek sind Dichter und Denker längst zu alten Vertrauten geworden und ihr zusammen mit ihrer reichen Lebenserfahrung in Fleisch und Blut übergegangen, und sie kann sich leichtere und unprätentiösere Kost leisten: bevor der Besucher es sah, hat sie noch schnell unter einem Kissen oder der seriösen «Neuen Zürcher Zeitung» den «Stern» mit seinen nackten Mädchen auf der Titelseite und den «Blick» versteckt. Beide, «Stern» und «Blick» liest sie heimlich und regelmässig, denn, «man muss doch mit der Zeit gehen». Nicht sie versteht also die Welt nicht mehr, sondern die Welt versteht sie nicht mehr. (...) Leicht hat sie es als Hochwohlgeborene aber nie gehabt, von «Glück» im landläufigen Sinne schon gar nicht zu reden. («Wenn ig a mi Familie dänke – c'est un cauchemare – e Alptroum.») Den Mann, den sie wollte, durfte sie nicht heiraten («Obschon nüt an ihm isch uszetse gsi, als dass er vo Züri gsy isch. Für mini Eltere het das aber gnüegt, für kategorisch nei z'säge.») Une «fille accomplie» aus bester Berner Familie wurde nach unerbittlich strengem Massstab geformt und zurechtgebogen («Was Wunder, wenn vitali Nature dranne z'grund gange sy? Wenn es nid eso ungloublech würdi klinge, chönnti me üs fasch als Milieugschädigti bezeichne.») Die Frauen

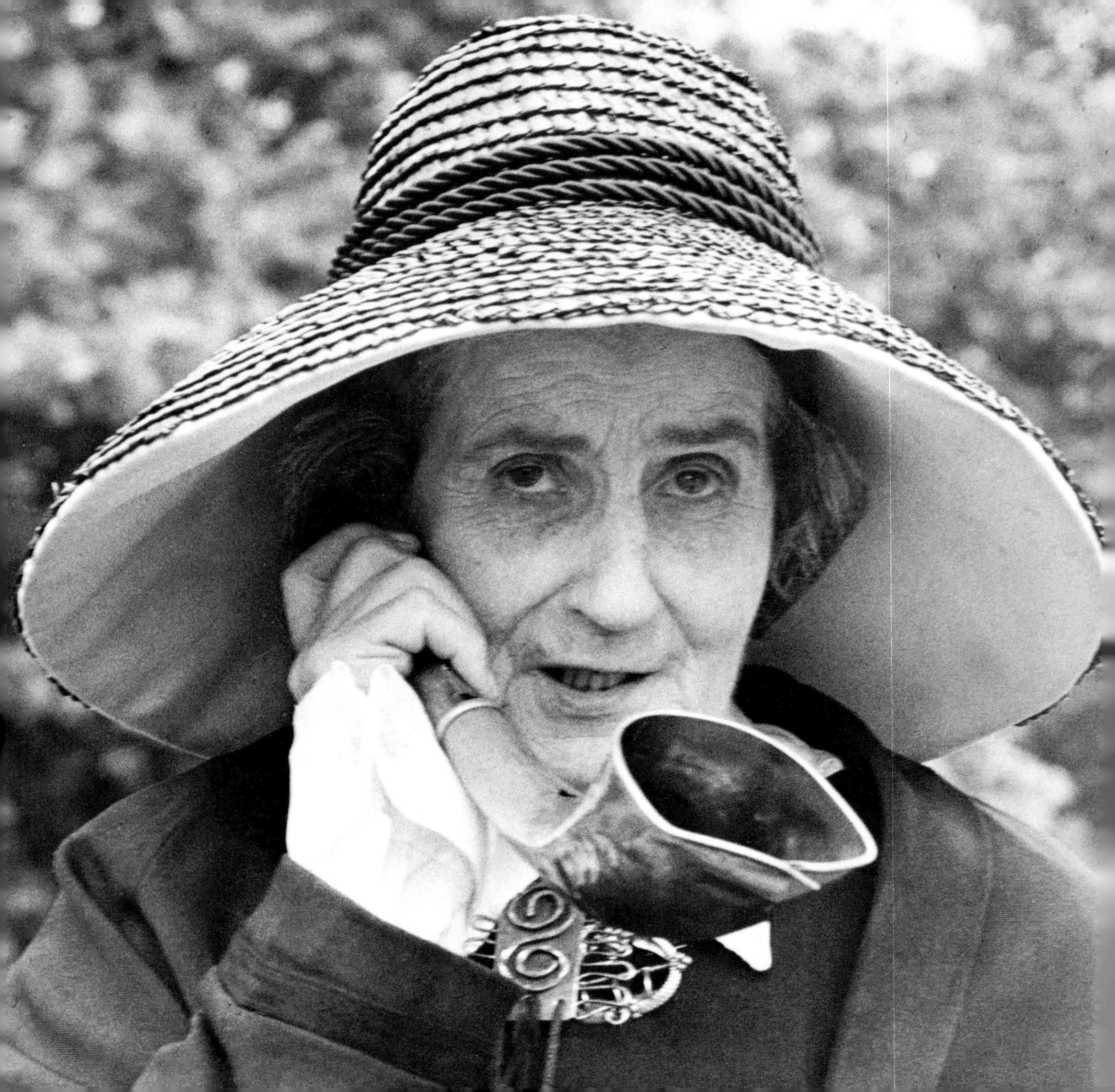

hätten es heute ja viel leichter, sie wüssten gar nicht wie sehr. Sie gönnt es ihnen gerne. Sie aber... Sie harrt aus und ist sich voll bewusst, dass sie nur noch eine kurze Frist hat. Das Sterbehemd ist schon seit vielen Jahren parat, sie zeigt es dem Besucher mit grimmigem Humor in einem kalten Turmzimmer, in dem nur eine kleine Schiessscharte etwas Licht gibt und der Wind, der hereinzieht, eine im Halbdunkel stehende Rüstung leise klappern lässt, so dass einen das Gruseln ankommt. Sie selber fürchtet sich natürlich vor Gespenstern nicht, sie lebt ja mit ihren Toten und fühlt sich ihnen näher als den Lebenden, vor denen sie dafür manchmal Angst hat. (...)» (Corinne Pulver, Schweizer Illustrierte, 8. November 1978)

Nach dem Tode von Elisabeth de Meuron erschienen in zahlreichen Zeitungen Nachrufe und Gedenkartikel:

«(...) Mehrere ihrer Liegenschaften in der Berner Altstadt werden zurzeit renoviert und umgebaut, und die kantonale Liegenschaftsverwaltung verhandelte bereits mit der Vermögensverwaltung von Madame de Meuron über einen allfälligen Kauf von einzelnen Häusern. Allerdings erfolglos, wie beim Kanton zu erfahren war. (...) Madame de Meuron, die früher mit ihren grossen Hüten, dem Hörrohr, den langen Röcken und den Hunden an der Leine ins Bild der Berner Altstadt gehörte «schiergar wie ne Brunnefigur», kam seit Jahren nicht mehr in die Stadt. Aber die Anekdoten über die gestrenge und gnädige Herrin, die auch vor hohen Magistraten und Militärs kein Blatt vor den Mund nahm, leben weiter. (...)» (DDP/SDA/Elisabeth Kästli, Tages Anzeiger Zürich, 24. Mai 1980)

«Bern und die Berner haben etwas verloren»
«(...) Wir stellen fest, dass sie im vergangenen Jahrhundert zur Welt kam. In Wirklichkeit war sie aber nicht im 19., sondern im 18. Jahrhundert beheimatet. In jener Zeit also, als das Ancien Régime noch voll respektiert wurde und wo sich die Aristokratie ihrer führenden Rolle auch reichlich bewusst war. Es ist

(Foto: Greti Oechsli, Bern)

gerade dieses Bewusstsein, das ihr Leben und Wesen unverrückbar geprägt hat. Gewann sie durch dieses Bewusstsein Grösse oder wurde sie darob zur komischen oder zumindest ausgefallenen Gestalt? Vielleicht. Je nach Einstellung beides zugleich. Gewiss, sie war die Schlossherrin von Amsoldingen und Rümligen. Das sind stolze Titel. Und von diesem Stolz wich sie keinen Fingerbreit ab. (...) Sie war nicht bloss Schlossherrin, sondern auch Besitzerin der Alp Rämisgummen und vor allem vieler Liegenschaften in Bern. Die Aufsicht über ihre Häuser führte sie mit patriarchalischer Strenge. Und darum war sie auch häufig auf den Strassen und unter den Lauben der Stadt anzutreffen, meist mit unzähligen Taschen und Paketen beladen. (...) Nun ist es endgültig: wir werden Madame de Meuron in unseren Lauben nie mehr begegnen. Der letzte Zeuge des Ancien Régime, das fast nur noch in Geschichtsbüchern lebt, ist verschwunden. Und mir scheint, selbst wenn man alles andere als aristokratischer Herkunft ist, das bedeutet einen unersetzbaren Velust für Bern und die Berner.» (Erwin Heimann, Der Bund, 24. Mai 1980)

Die 90jährige Jubilarin im Garten von
Schloss Rümligen.
(Foto: Kurt Aeschimann, Münsingen)

F. LORSON
SCHWANENGASSE 4,
BERNE.

Ein Hauch von Freundschaft und von Poesie...

Wann der Gedanke, mich der legendären Madame de Meuron zu nähern, bei mir konkrete Formen annahm, weiss ich nicht mehr. Wahrscheinlich schlummerte er schon als Kind in mir, als ich jeweils die dunkle Silhouette mit dem unverkennbaren Riesenradhut und wallendem schwarzem Priesterkleid stolz und aristokratisch-elegant und – eben unnahbar – durch die Berner Lauben – «ds Rohr», wie wir es nannten – schweben sah. Für mich war sie damals so etwas wie der Liebe Gott oder der Weihnachtsmann, etwas ganz und gar unerreichbares jedenfalls, zugehörig einer anderen Welt, derjenigen der Reichen, der Hochwohlgeborenen, die in Schlössern wohnten und sich «von» nennen durften, bei denen deshalb in unserer Vorstellung alles edel, schön und heil war. Dieser ehrwürdige Schauer etwas «Höherem» und «Mehrbesserem» gegenüber sitzt tief in der Volksseele, was immer man in unserem demokratischen Zeitalter dagegen sagt. Ich habe ihn später selbst erlebt, als ich mit Madame de Meuron zusammen durch die Berner Altstadt zog. Wildfremde Menschen sahen uns mit offenem Mund an, drückten und küssten ihr sogar die Hände, mit diesem verzückten Leuchten in den Augen, das man einem Gott gegenüber hat, auch wenn dieser heute vielleicht nur noch das Geld ist. Ob also dieses Bedürfnis, sie zu sehen, sie zu sprechen, sie anzufassen und über sie die längst zum volkstümlichen Klischee heruntergespielten Anekdoten zu erzählen (was sie hasste), ob das nun eigentlich ihrem Reichtum, ihrer auffallenden Erscheinung oder dieser Klasse (in jeder Beziehung), die sie repräsentierte und auszeichnete, galt, weiss ich nicht. Tatsache bleibt nur, dass das alles, dieser persönliche Reichtum, diese originelle und originale Erscheinung und diese Klasse mit ihrem Tod zu Ende, endgültig begraben ist. Sie hätte deshalb meines Erachtens eine würdige, eine offizielle Begräbnisfeier verdient. So wie sie selber es sich vorstellte: ihr «Sterbekleid», schwarzer Tüll mit Silberfäden, lag seit mehr

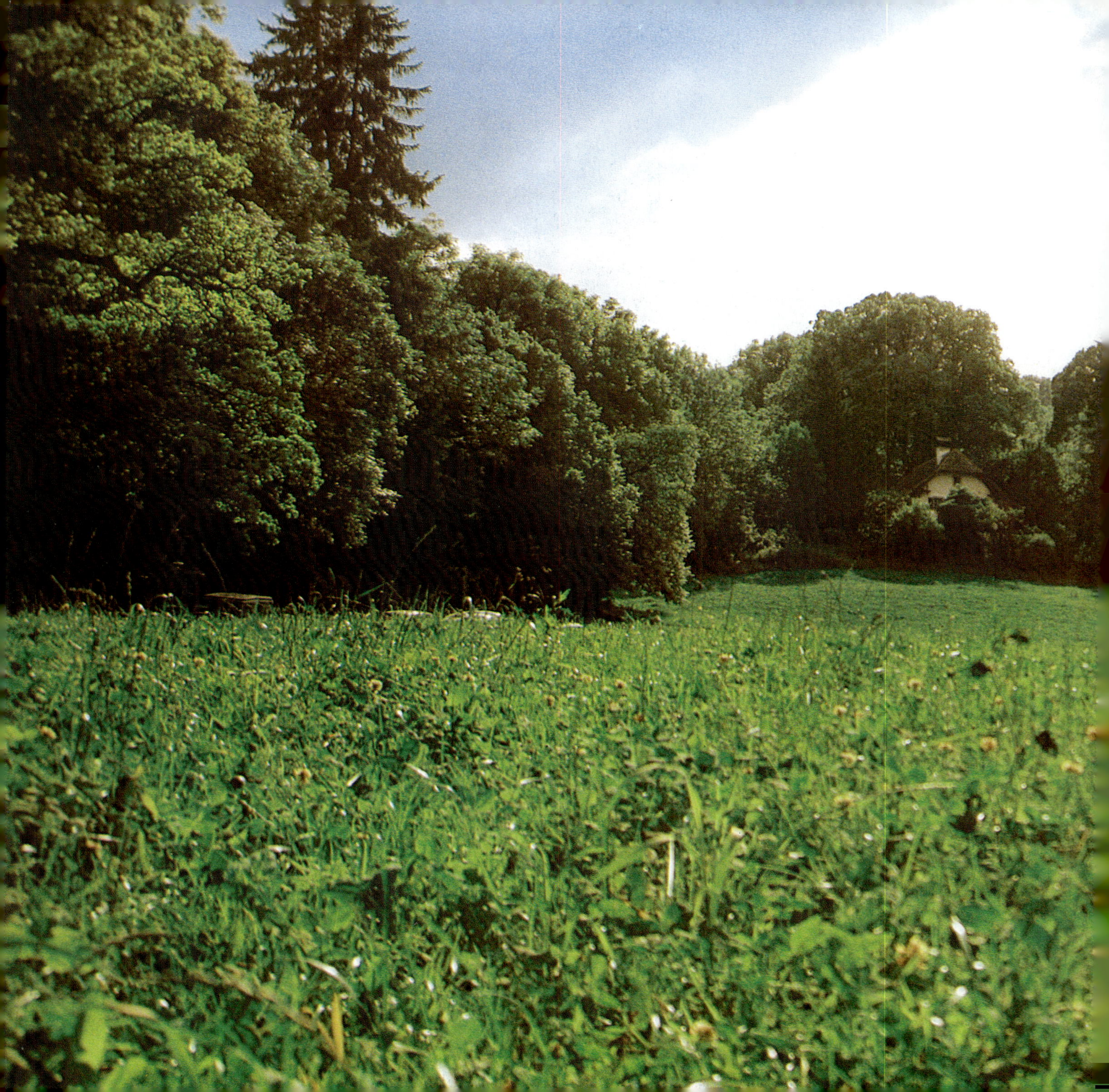

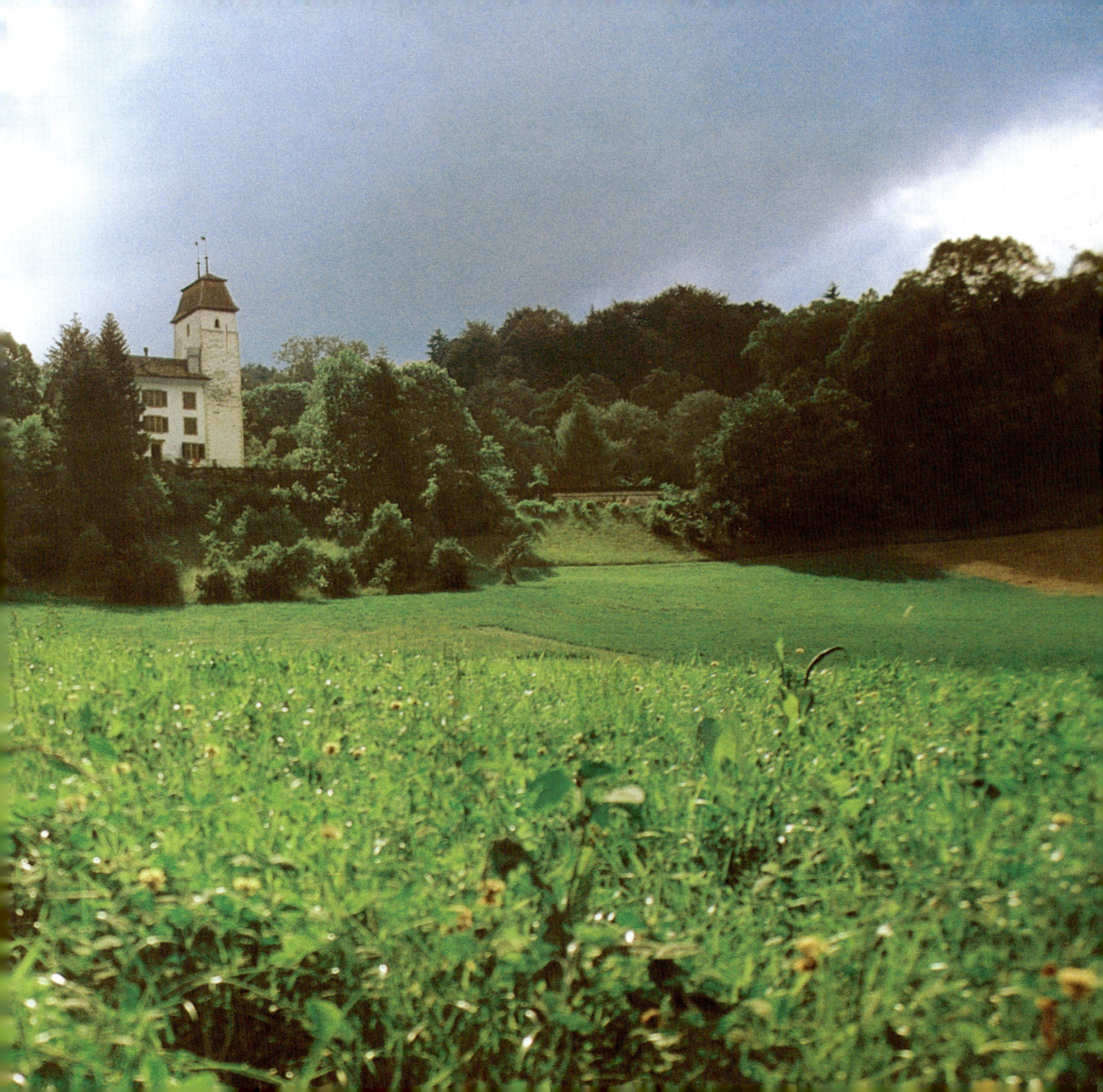

als zehn Jahren in einem Turmzimmer ihrer Schlosses, zusammen mit Rüstungen und Waffen ihrer Vorfahren, mit denen diese ihr «Berntum» und notabene unser Bern verteidigt haben, bereit. Und sicher hätte sie auch ihr geliebtes Militär, die hohen Offiziere, hoch zu Ross, wenn auch nicht mehr offiziell in der Kavallerie, für deren Rettung vor dem Aussterben sie sich so sehr engagierte – an einer Gedenkfeier gewünscht. Aber Madame de Meuron hat eben keine geistigen Nachkommen mehr. Den Mut, ihre Stellung, ihre Bedeutung, ja ihren eigenen materiellen Besitz gegenüber einer immer drohender werdenden «Gleichberechtigung» der Masse und politischen Gegnerschaft zu verteidigen, den gibt es nicht mehr, den kann sich auch niemand mehr leisten.

Deshalb war es auch so schwer, sich ihr zu nähern, sich auf ihr Niveau «hinaufzubegeben». Als Mensch war Madame de Meuron kaum zugänglich. Sie stammte noch aus der Zeit, in der man in jeder Lebenslage lächelnde Fassade wahrte und in der vor allem Frauen sich hüteten, ihre Gefühle oder gar Probleme zu zeigen. «Héréditairement les femmes étaient élevées à ne rien trahir de leur vie au dehors... moi-même j'ai eu une vie de femme et de jeune fille plustôt lamentable et ne tiens pas à ce qu'on le sache. Les tantes et les grand-mères et arrière-grandmères ont aussi pris leurs mésaventures et chagrins dans la tombe comme les mariages d'amour n'existaient pas pour les filles. Tout cela doit entrer dans le silence mais a influencé les caractères. Acceptation et devoir à formé les femmes aristocrates de vieux Berne où quandmême veuves ou avec des maris pas trop rudes quelquesunes ont réussi a tyranniser la famille», (*«Ihrem Stande gemäss wurden die Frauen dazu erzogen, gegen aussen nichts von ihrem Leben zu verraten... Ich selbst hatte ein eher jämmerliches Leben als Frau und als junges Mädchen und lege keinen Wert darauf, dass man es weiss. Die Tanten und Grossmütter und Urgrossmütter nahmen ihr Missgeschick und ihren Kummer mit ins Grab, da die Liebesheirat für Mädchen nicht existierte. Über all das musste der Schleier des Schweigens gesenkt werden, aber es hat*

Das Wappen der Familie Frisching ziert den mittleren Chorstuhl in der Kirche von Kirchenthurnen.
(Foto: Eduard Rieben, Bern)

Madame de Meuron in der Kirche von Kirchenthurnen mit den drei Chorstühlen der Familie.
(Foto Privatbesitz)

Seiten 62/63/66/67: Impressionen vom Schloss Rümligen. (Fotos: Paul Motzko, Versoix)

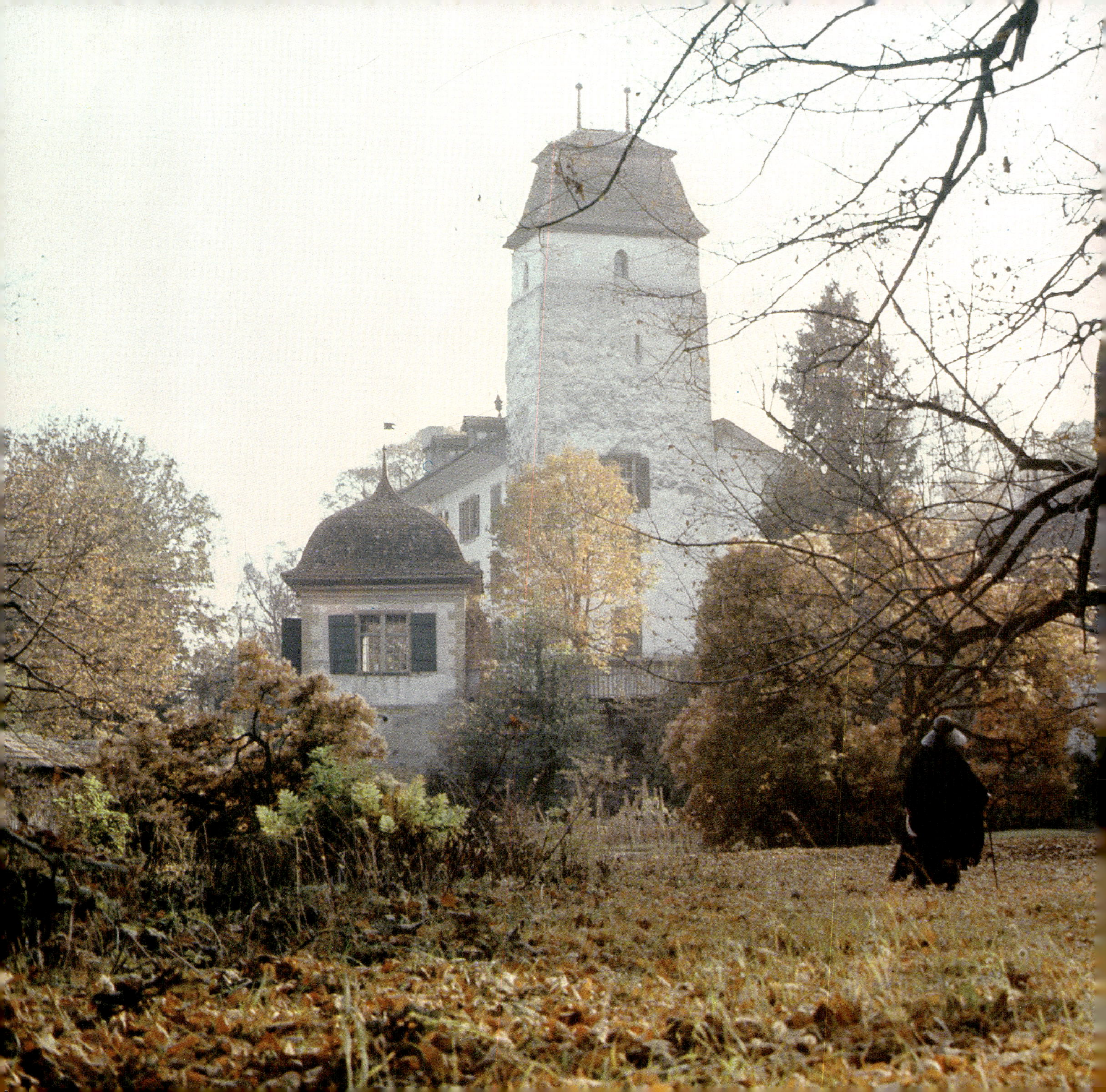

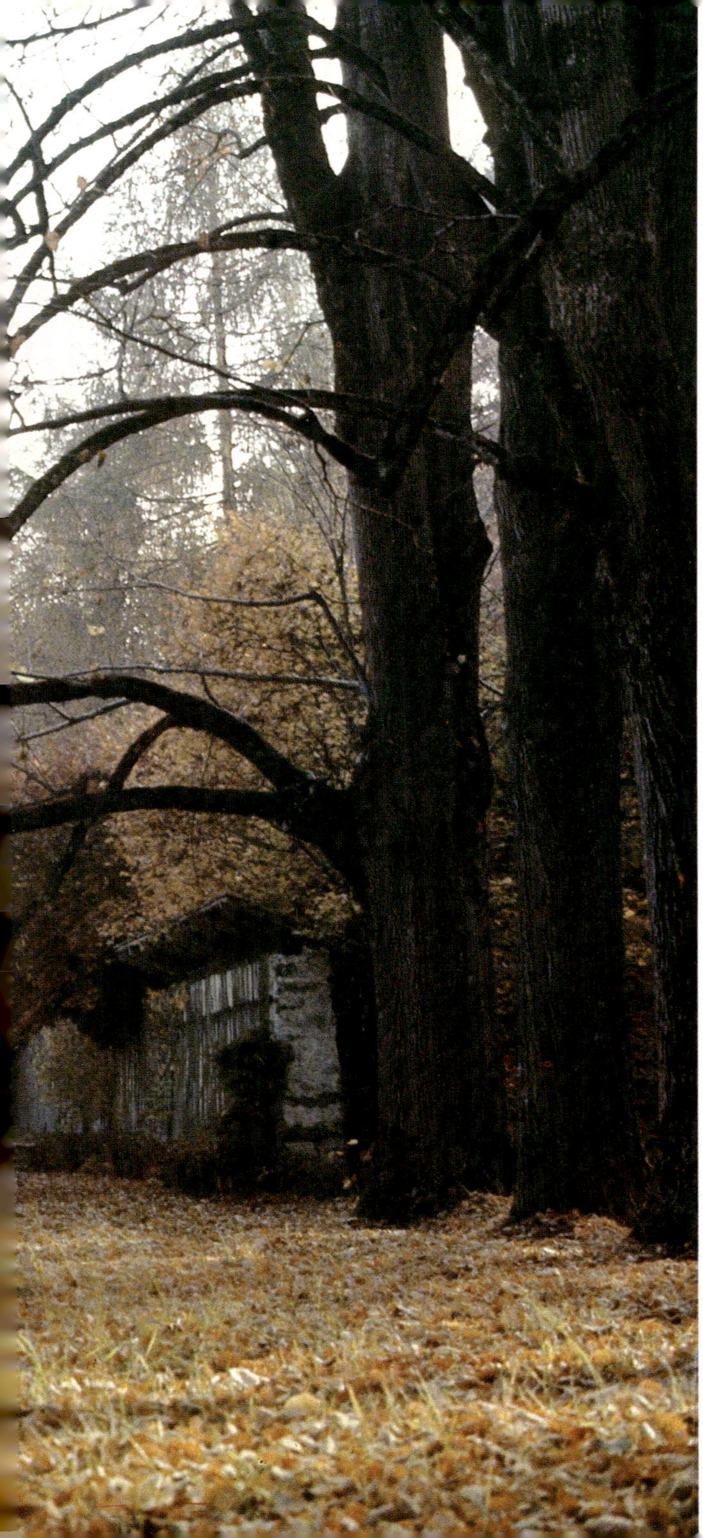

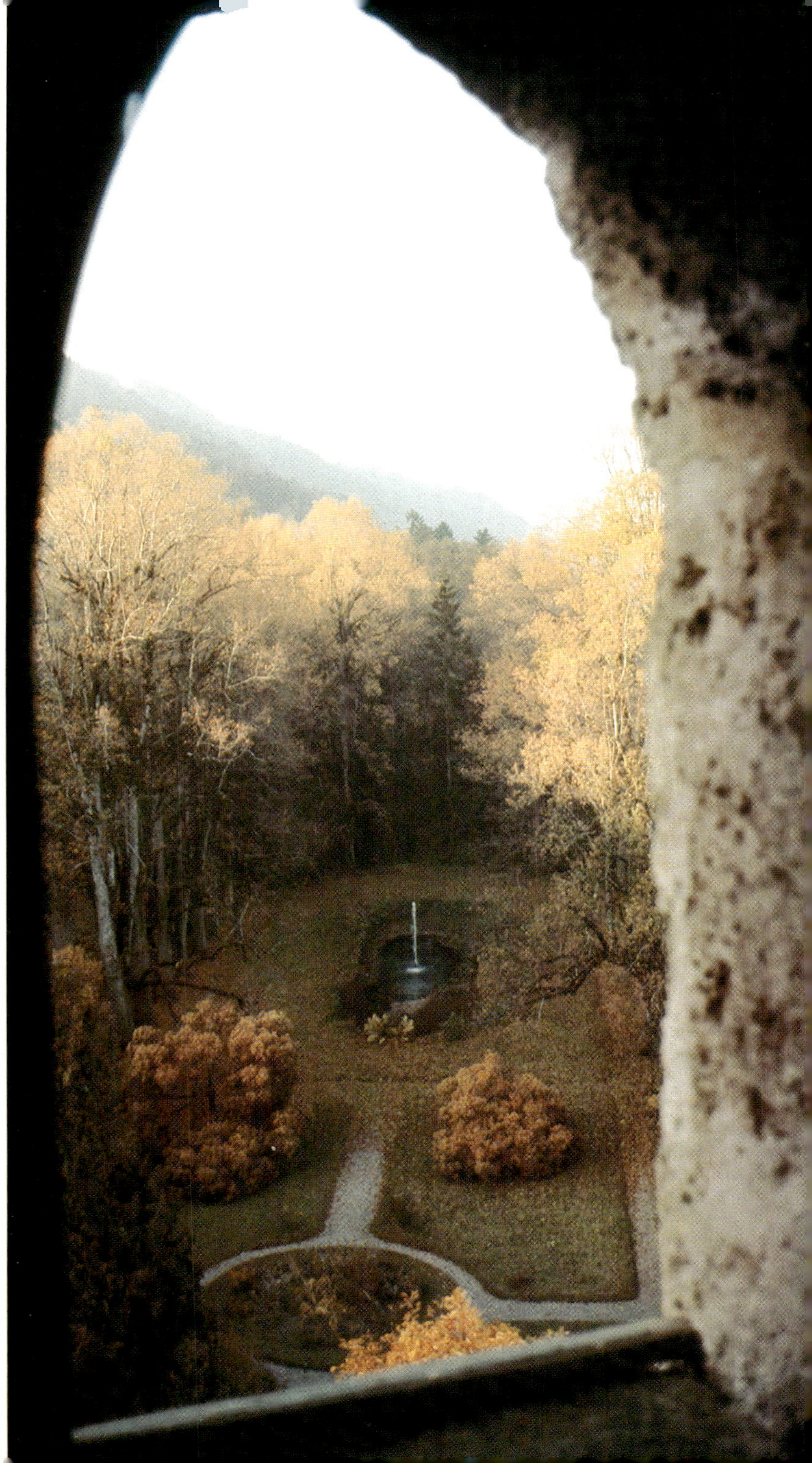

ihren Charakter geprägt. Sich fügen und Pflichten haben die Aristokratinnen des alten Bern geformt. Dennoch gelang es einigen Witwen oder Frauen mit nicht so strengen Ehemännern ihre Familie zu tyrannisieren») schrieb sie mir in einem Brief (26.2.71). Es gelang denn auch keinen von denen, die sie angeblich so gut kannten, mich bei ihr einzuführen. Den schwierigen Weg, bei der alten Dame zu «antichambrieren», musste ich ganz alleine gehn. Nach einigen Briefen und Anrufen war es dann soweit: «Dihr interessieret mi», sagte sie mit ihrem vornehm kratzenden «Aristokraten-R» zu mir am Telefon und lud mich ein, sie in Rümligen zu besuchen.

Dieser erste Besuch auf ihrem Schloss Rümligen bleibt mir unvergessen, war er doch Eintritt in diese andere, für uns «gewöhnlich Sterbliche» unzugängliche und vergangene Welt, die Erfüllung eines Kindertraums voller Zauber und Nostalgie, ein Hauch von Freundschaft und Poesie.

Denn dieses «Dihr interessieret mi» war nicht nur eine freundliche Floskel. Madame de Meuron hatte sich für mich schön gemacht, extra einen der verschlafenen und rosenumrankten Pavillons geöffnet und Tee und Kuchen servieren lassen – von Grittli, dem damals noch lebenden, nur 10 Jahre jüngeren, guten Hausgeist selbst gebacken, sonst, bei «normalen» Besuchen wurden zum feinsten Chinatee Bisquits aus der Migros serviert.

Ich lernte eine geistreiche Dame kennen, die unerschöpflich zu erzählen, zu kritisieren und zu politisieren wusste, und deren Sprache und Ausdrucksweise fern von diesem groben und undifferenzierten Anekdotenjargon lag, wie man ihn ihr so gerne zuschrieb. «J'ai été exagèrement blessé par la production du «Petit livre» *(«Ich war ausserordentlich verletzt durch das Erscheinen des kleinen Buches»)* schrieb sie mir (22.1.72) zur Anekdotensammlung, die über sie erschienen war. Denn es war völlig falsch, sich Madame de Meuron als verwöhnte und weltfremde Schlossherrin vorzustellen. Sie lebte vielmehr auf ihrer Höhe, in dem düsteren und zugigen Schloss, mit dem Mut und der spartanischen Selbst-

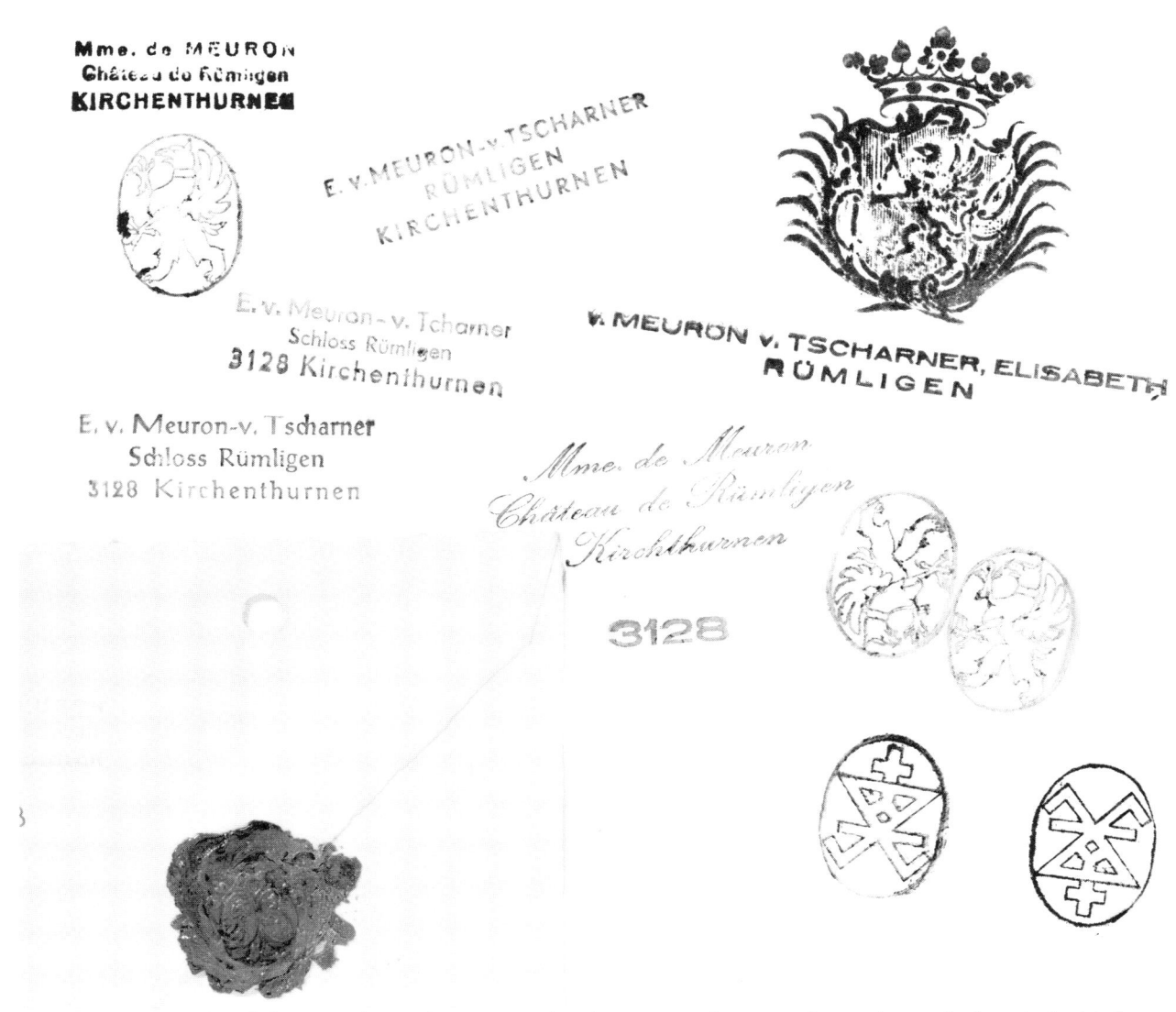

Mme. de MEURON
Château de Rümligen
KIRCHENTHURNEN

E. v. MEURON-v. TSCHARNER
RÜMLIGEN
KIRCHENTHURNEN

E. v. Meuron-v. Tscharner
Schloss Rümligen
3128 Kirchenthurnen

v. MEURON v. TSCHARNER, ELISABETH
RÜMLIGEN

E. v. Meuron-v. Tscharner
Schloss Rümligen
3128 Kirchenthurnen

Mme. de Meuron
Château de Rümligen
Kirchthurnen

3128

Bis ins höchste Alter führte Madame de Meuron ihre Korrespondenzen selbständig und – handschriftlich. Je nach Anlass oder Person verwendete sie auch vielfältige Anreden, Stempel und Siegel.

disziplin eines alten Generals, der seine Uniform nicht mehr mit einem bequemeren Anzug vertauschen mag. In dem ungemütlichen Gebäude mit seinen dicken, feuchten Mauern, ohne ordentliche Heizung, ohne Radio und Fernsehen oder sonst einer heutigen, so unentbehrlichen Abwechslung, schon gar nicht mit modernem Komfort, war ihr einziger, unheimlicher Gefährte die Einsamkeit.

Nicht die äusserliche, alltägliche Einsamkeit des alten Menschen, dem mit über neunzig Jahren längst die engsten Familienangehörigen, Freunde und Altersgenossen weggestorben sind, der Frau, die arm durch zu grossen Reichtum, allein in ihrem grossen Haus wohnt. Madame de Meurons Einsamkeit war vielmehr die geistige Kluft, welche eine vergangene Gesellschaft von der quicklebendigen, ihre jungen Prinzipien und neuen Gesetze verteidigenden Zeit unüberbrücklich trennt. «Moi-même ai eu un chemin à faire correctement par éducation et hérédité – et eu de très grandes compensations dans ma vie par la variété des esprits supérieurs qui ont éte attiré par ma personne, on ne sait pourquoi...», (*«Ich selber hatte den meiner Erziehung und Abstammung gemässen korrekten Weg zu gehen. Dafür fand ich in meinem Leben grosse Entschädigung durch die Vielfältigkeit von Geistesgrössen, die sich von meiner Person angezogen fühlten, wer weiss warum...»*) schrieb sie mir (26.2.71), und gleichzeitig blieb sie tief beeindruckt von meiner Stellung als moderne und unabhängige Frau: «Vous chère amie avec votre belle langue pûr français aurez trouvé le mot juste pour suivre ma pensée et nous en parlerons encore, ce serait préférable d'être héréditairement d'une espèce vulgaire pour jouir la vie». (*«Sie, liebe Freundin, mit ihrem schönen Französisch, haben die richtigen Worte gefunden, um meinen Gedanken zu folgen, und wir werden noch oft darüber sprechen. Es scheint wünschenswerter als Nachfahre gewöhnlicher Leute geboren zu sein, um das Leben zu geniessen.»*)

Ihr Wissen, aber vor allem ihre geradezu jugendliche und gewiss auch weibliche

Auf Schloss Rümligen grüssen viele Grössen der Berner Geschichte von den Wänden. Die Nachfahrin all dieser «vornehmen Herren von Bern» wahrte ihr Andenken und ihren Wohnstil bis zum Tod.

Schön, aber schlecht heizbar und reparaturbedürftig: Schloss Rümligen.

Neugier am aktuellen Geschehen war denn auch schier unerschöpflich. Ihre Lektüre bestand nur für den Uneingeweihten in Leder und Gold gebunden auf dem Bücherregal. In der klösterlichen Strenge ihres Schlosses mit seiner umfassenden, kostbaren Bibliothek waren Dichter und Denker längst zu alten Bekannten geworden und ihr, zusammen mit dem Joch des schweren Erbes und der Lebenserfahrung, in Fleisch und Blut übergegangen. Sie konnte sich leichtere und unprätentiösere Kost leisten: unter der seriösen *Neuen Zürcher Zeitung* hatte sie den *Stern* mit seinen nackten Mädchen auf der Titelseite und den *Blick* versteckt, sie zeigte mir die Lektüre fast triumphierend: «Man muss doch mit der Zeit gehen». Nicht *sie* verstand die Welt nicht mehr, sondern *die Welt* verstand sie nicht mehr.

Neben allem anderen, was sie mit ihren über 90 Jahren in ihrem klaren Kopf noch wusste, war sie ein wandelndes Geschichtsbuch, oder noch besser, selbst ein Stück (Kultur-) Geschichte. Was wir nur mühsam aus dem trockenen Schulbuch erlernen, das ging ihr wie Familiengeschichte über die Lippen, weil ja ihre Ahnen und Urahnen überall in der Schweizer Geschichte ein wenig mit von der Partie waren. Schloss Rümligen war schon zur Zeit Herzog Berchtolds von Zähringen (1191) trutzige Festung, es hat alle die berühmten Schlachten, die wir aus dem Schulbuch kennen, Laupen, Morgarten, Sempach, St. Jakob an der Birs und so weiter überlebt und manchen Sieger, aber auch manchen Gefangenen beherbergt. Das kleine Gefängnis unter der Eingangstreppe, ein finsteres, unheimliches Loch, zeigte sie mir mit ebenso grimmigem Humor wie das Sterbehemd in einem kalten Turmzimmer, in dem nur eine kleine Schiessscharte etwas Licht gab und der Wind, der hereinzog, eine im Halbdunkel stehende Rüstung leise klappern liess. Gleichzeitig lud sie mich ein, bei ihr zu wohnen, in dem grossen, mittelalterlichen Schloss, in dem sie ganz allein, mit drei alten, zahnlosen Hunden wohnte, seit selbst das achtzigjährige Grittli hinüber gezogen war in ein eignes, selbstgebautes Häuschen – in diesem Schloss,

Schloss Rümligen spiegelt sich im Schlossweiher. (Foto: Kurt Aeschimann, Münsingen)

73

Ein Hauch von Einsamkeit: Die 90jährige
Madame de Meuron ergeht sich in ihrem
Garten auf Schloss Rümligen.
(Foto: Paul Motzko, Versoix)

Unter Denkmalschutz gestellt: Ehemaliger Sitz
Schloss Amsoldingen.

75

besser gesagt dieser trutzigen Burg, über deren ausgetretenen Wendeltreppen aus hartem Granit («hart wie d'Bärner Grinde») Madame de Meuron einige Wochen zuvor heruntergefallen war und liegenblieb, bis Grittli sie fand. «Le docteur meinte, ich sei tot, meine Schulter war gebrochen, aber er konnte sie nicht mehr operieren, je suis trop vieille... und jetzt habe ich hier einen Knochen, der heraussteht, fühlen Sie.» Und sie führte meine Hand an ihre magere Schulter, die jetzt verstümmelt war, aber trotzdem verheilte, fast von selbst, mit einundneunzig Jahren («Les bernois, das ist eben eine zähe Rasse, hart und zäh.») Hier sollte, hier durfte ich also die Nacht verbringen, in einem breiten, holzgeschnitzten Himmelbett, auf das, in Reih und Glied an den Wänden rings herum aufgehängt, in Öl gemalt, je nachdem ernst, griesgrämig oder schmunzelnd, die Vorfahren auf die Urenkelin und ihre Besucher blickten, diese letzte, würdige Vertreterin der berühmten Geschlechter, die von jedem ein mehr oder weniger schmeichelhaftes Geschichtlein zu erzählen wusste: «Les Tscharner, austères, dûrs et militaires, service étranger, jamais été avoyers, seulement Landvögte. Les Wattteville de ma mère, très vieille famille aliances avec les Saconex du Ct. de Vaud... ces livres de Rudolf de Tavel sont des rêves charmants mais des détestables fables pour les familles qu'ont vécu aux endroits où il fait vivre des braves gens qu'il n'y a jamais eu à ces endroits.» (*Die Tscharner, streng in Sitten und Lebensweise, hart und militärisch, waren nie Landespräsidenten, nur Landvögte. Die Wattenwils der Seite meiner Mutter, sehr alte Familie, verwandt mit den Saconex des Kantons Waadt... diese Bücher des Rudolf von Tavel sind charmante Träume, aber abscheuliche Märchen für die Familien, die an diesen Orten gelebt haben, wo er brave Leutchen entstehen lässt, die es an diesen Orten nie gegeben hat.*»)
Hatte man also einmal das Eis gebrochen und «estimierte» sie den Besucher aus irgendeinem Grunde – keinesfalls etwa nur, weil man eine «von», also von nobler Abstammung wie sie war, dann zeigten ihre bissigen und unverblümten Bonmots und Wahrheiten über diese vornehmen Familien, «les aristocrates», mehr

menschliche und «un»-menschliche Hintergründe als die legendären Anekdoten in Wirklichkeit enthalten: «Comme enfants, c'était une vie très fermée dans la famille où on regardait beaucoup par les fenêtres, mais il y avait encore échange dans des familles vieux Berne avec des enfants, – toujours cataloguées sang bleu... c'était la vie du temps jadis et quand du chapître Berne ces esprits lents et sûr d'eux-mêmes étaient dans les domaines des âmes de parfait canibales – avec entraint ils s'engraissaient en mangeant les plus faibles c'est à dire ce qui parmi les femmes en herbe étaient encore sans défenses. Je crois que à l'âge mûr et dans la vieillesse au moins un tiers des femmes se sont bien vengées en tyrannisant fils et mari – mais ce tiers des femmes n'ont sûrement pas non plus eu le cœur tendre pour les filles et belles filles en fleurs – Paix soit aux canibales des âmes de la race bernoise.» (*Als Kind war unser Leben sehr abgeschlossen in der Familie und man stand oft am Fenster und schaute hinaus (auf den Münsterplatz), den Kindern der alten Familien Berns – es war nur erlaubt, unter Seinesgleichen zu sein – immer blaublütig eingestuft... es war das Leben der damaligen Zeit, in diesem Kapitel Berns waren diese langsamen und so selbstsicheren Gemüter im Bereich der Seele die reinsten Kanibalen – mit Eifer mästeten sie sich und frassen die Schwächsten, das heisst die jungfräulichen Frauen, die noch wehrlos waren. Ich glaube, dass in reifen Jahren und im Alter mindestens ein Drittel der Frauen sich gerächt hat, indem sie Söhne und Ehemänner tyrannisierten und terrorisierten – aber dieses Drittel der Frauen hat sicher auch kein (weiches) Herz gehabt für die Töchter und Schwiegertöchter in der Blüte – Friede sei den Kannibalen der Seelen der bernischen Rasse.*»)

Nur wenn man also gewillt war, ihre herrische Art und ihr vielbelächeltes Standesbewusstsein und die daraus resultierenden Anekdoten als Folge ihrer Erziehung und schützende Maske statt Arroganz zu sehen, traf man auf einen im Grunde warmherzigen und bescheidenen, aber eben in seinem Seelengrunde verletzten und einsamen Menschen. «En Bernois je me considère comme «de mi Wenigkeit» comme un Münsterpfarrer Rüetschi se nommait dans ses récits

en venant souper dans la maison de la place de la cathédrale chez mes parents et ses histoires à lui intéressaient beaucoup mon frère et moi comme enfants (...) Je suis typiquement une Tscharner et mon unique frère le premier né mort d'accident avait la douceur et la sensibilité des Watteville et n'a pas été heureux je crois – sa finesse le rendait maladroit il était un géant avec une âme d'enfant – nous étions terrorisé par nos parents...» («*Auf gut Berndeutsch betrachte ich mich als «de mi Wenigkeit», wie ein Münsterpfarrer Rüetschi sich in seinen Sprüchen nannte, wenn er zum Nachtessen in unser Haus am Münsterplatz kam zu unseren Eltern, und seine Geschichten interessierten meinen Bruder und mich als Kind sehr... Ich bin eine typische Tscharner und mein einziger Bruder, der Erstgeborene, durch einen Unfall gestorben, hatte die Güte und Sensibilität der Wattenwils und war nicht glücklich, glaube ich – seine Zärtlichkeit machte ihn ungeschickt, er war ein Riese mit der Seele eines Kindes – wir wurden terrorisiert durch unsere Eltern...». 5.3.71)*
Häuser, Land und kostbares Mobiliar hatte Madame de Meuron mit ihrem blauen Blut und bernischer Zähigkeit nach und nach alles geerbt. «Tout cela a formé les dames de Berne de jadis dont celles de mon âge sont mortes.»
(«*Das alles hat die Damen des damaligen Berns geformt, von denen die meiner Generation alle gestorben sind». 26.2.72)*
Sie hatte lernen müssen, mit denen zu leben, die nur noch als Erinnerung um sie herumgeisterten, während sich ihre Nachkommen, Tochter, Enkel und Urenkel, stets geweigert hatten, diesen «cimetière», diesen Friedhof zu bewohnen: «Mon fils, il s'est tué, da unten, in den Kellergewölben, meinen Mann, den habe ich nie geliebt, c'était un mariage de raison und meine Tochter... reden wir nicht darüber.» Ja, es brauchte viel Kraft, um solches Alleinsein, solch illustre und blutige Familiengeschichte hocherhobenen Hauptes zu verwalten, eine Kraft, die nicht nur durch materiellen Reichtum, sondern aus starken, tragen-

Gang durch Bern: Madame begegnet ihrem prachtvollen Geburtshaus. (Foto: Paul Motzko, Versoix)

79

den Wurzeln kommt, wie die eines jahrhundertealten Baumes, dessen Krone in den Himmel ragt, während unten respektlose Spaziergänger ihm ihre Souvenirs in die Rinde ritzen und ihm damit gedankenlos weh tun. Aber Madame de Meuron war längst zu ihren Lebzeiten ein Wahrzeichen von Bern, eine öffentliche Institution geworden, und wenn sie, unverkennbar, als dunkelgekleidete, hochaufgerichtete Silhouette durch die Stadt ging, dann war auch das nicht die Laune einer exzentrischen Millionärin, sondern Schicksal: «Je porte le deuil de mon seul fils qui s'est tué en 1939 ayant une maladie inguérissable et que ma famille décandant da ma seule fille n'ont pas aîmé me voir en couleur – alors cela simplifie de rester en deuil et me va mieux.» *(Ich trage Trauer meines einzigen Sohnes wegen, der sich 1939 umgebracht hat, weil er eine unheilbare Krankheit hatte, und weil die Nachkommen meiner einzigen Tochter mich nicht farbig angezogen sehen wollen – dass ich weiterhin Trauer trage, macht alles einfacher und passt mir besser»)*. Sie wusste und sagte es mir: «Dieser Anachronismus ist unsterblich wie meine Geschichte, dieses Stück schweizerischen Kulturgutes; soviel als möglich der geographischen und geistigen Landschaft dieser vergangenen Zeit lebendig zu erhalten bis zu meinem Tod und darüber hinaus, das bin ich Bern und meinen Landsleuten schuldig – je serait maintenant pour vous une déception, vous devez accepter de le constater, ce qui subsiste de moi est abimé par l'âge, mais je puis quand-même un peu vous accompagner en esprit – peut-être mieux que le commun des gens. Même morte je peux vous accompagner...». *(Ich werde jetzt für Sie eine Enttäuschung sein, Sie müsssen es akzeptieren und zugeben, das was von mir noch übrigbleibt ist durch das Alter zu Grunde gerichtet, aber im Geist kann ich Sie doch ein wenig begleiten – vielleicht besser als der Durchschnitt der Leute. Sogar wenn ich gestorben bin, kann ich sie begleiten...».* 14.7.73)

Corinne Pulver

Der Geburtstag

Um es gleich vorwegzunehmen: das Projekt, mit Madame de Meuron einen längeren Film zu drehen, liess sich nicht realisieren. Ihr Spitalaufenthalt während den letzten drei Lebensjahren in Riggisberg, ihr für alle doch irgendwie überraschend eingetretener Tod am 22. Mai 1980 – schmunzelnd erklärte sie immer wieder, ein volles Jahrhundert leben zu wollen – sowie ihr allzu diskreter Abgang auf dem Friedhof von Gerzensee haben weitere Dreharbeiten verhindert.
Geplant war, während Jahren ausschliesslich an ihren Geburtstagen, also jeweils am 22. August, zu filmen. Das Projekt wurde von der Hoffnung getragen, Jahr um Jahr näher an Madame de Meuron heranzukommen und die zerfliessende Zeit mit ihrem Älterwerden raffend zu dokumentieren. Madame de Meuron liebte ihre Feste. Ihr letztes grosses Fest, eine offizielle, feierliche Beerdigung, hätte eine würdige Schlussszene abgeben sollen. Vorgesehen war auch, die Stimme der alten Dame mit Erzählungen aus ihrer Jugendzeit als Begleitton zu den Bildern zu unterlegen.
Leider ist alles anders gekommen. Filmaufnahmen sind nur an ihrem 94. und 95. Geburtstag entstanden; kurz vor dem 96. Geburtstag hat sich Madame de Meuron den Oberschenkelhals gebrochen, ein Unfall, der sie bis an ihr Lebensende von ihrem geliebten Schloss in Rümligen fernhalten sollte.
Als Erinnerung an Madame de Meuron sind auf den folgenden Seiten Ausschnitte aus dem Filmmaterial vom 22. August 1977,
dem 95. Geburtstag, abgebildet.

Herbert Distel

«Da sy si wider, die Manne vo Mühlethurne»: Auch zum 95. Geburtstag gibt die Musik ihr Ständchen.

Zum Fest ein kleines Zöpfchen im Haar

«Di Bärnermarsch». Mit Korn hört sichs besser.

Im Hintergrund die Weite des Gürbetals

«Antonio, wär sy all die Lüt?»: Der Schlossgärtner gibt Auskunft.

«Ah, dr Hermann isch o da»: Von nah und fern finden sich die Gratulanten ein.

«U Dihr syt also dr Fotograf vo Bärn»: Ein freundliches Lächeln zur Kamera.

«I bi d'Irene vom Lädeli a dr Junkeregass»: Herzliche Glückwünsche zum Geburtstag.

– «Ah ds Lädeli. Vo wo?»
– «Vo dr Junkeregass»
– «Soo, vo dr Junkeregass»

«Syt Dihr öpper oder bezieht Dihr Lohn?»: Auch Jimmy F. Schneider ist mit von der Partie.

«Soo, Künschtler syter. Dihr heit aber öies Atelier nid i eim vo mine Hüser...»

«...bi mir hei gäng o öppe Künschtler gwohnt. Ds Siebezäni a dr Chramgass isch mängisch voll vonene.»

«Wär syt Dihr?». Visitenkarte auf Büttenpapier.

– «Natürlech dr Drucker vo Mühleturne. Dihr chömet ja o scho syt vilne Jahr a mini Geburtstäg.»
– «U hoffentlech no a mänge.»
– «Wartets nume ab, i wirde scho hunderti.»

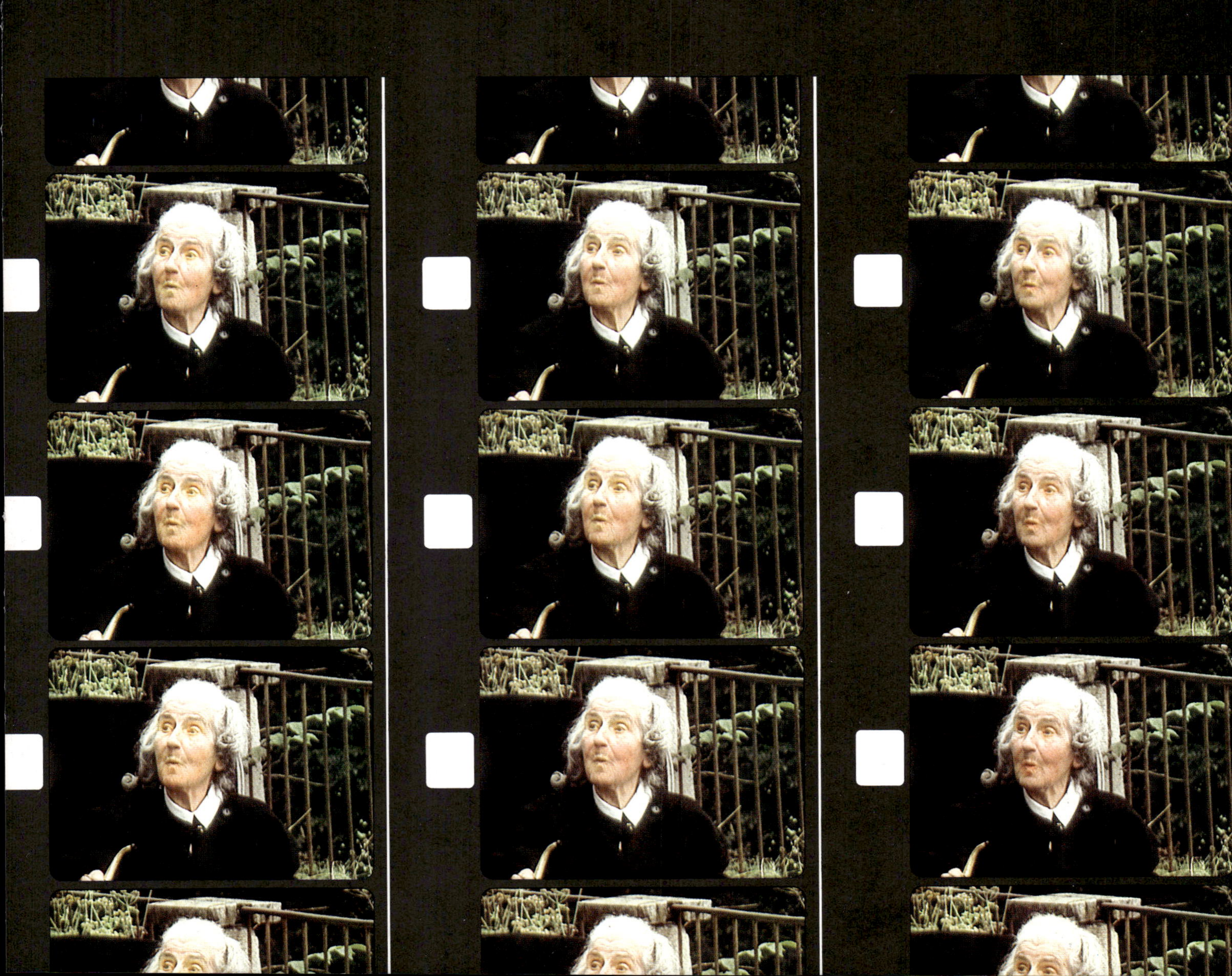

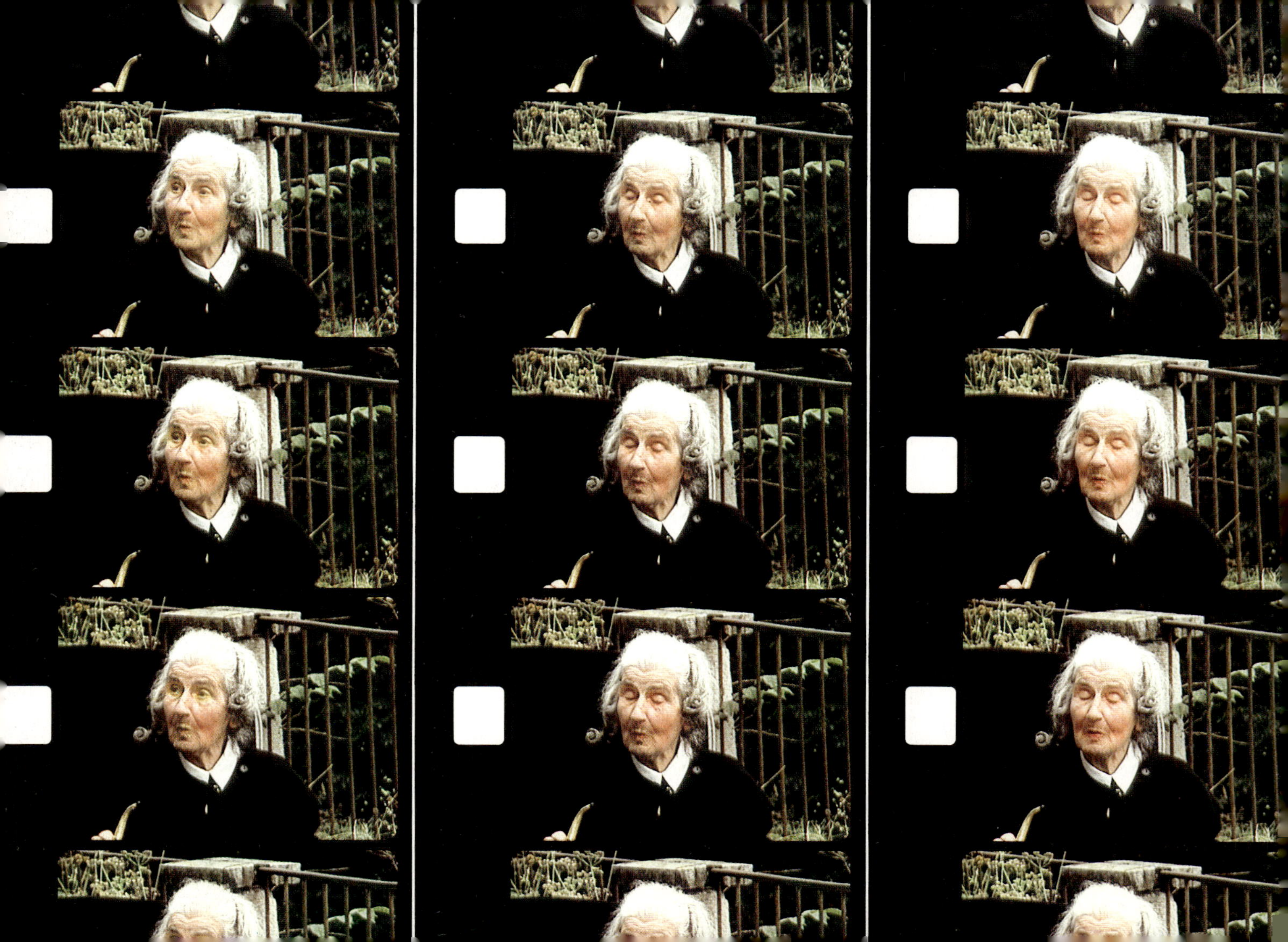

«Dr Fotograf sött de o no uf e Turm ufe ga.»: Der Schlossturm von Rümligen.

«Vo dört obe heiter ä prächtigi Ussicht.»

«U de no dr Bundesrat-Gnägi-Marsch»: Als Gast bei den Springreiterkonkurrenzen auf Schloss Rümligen oft dabei.

Der lange Abschied…

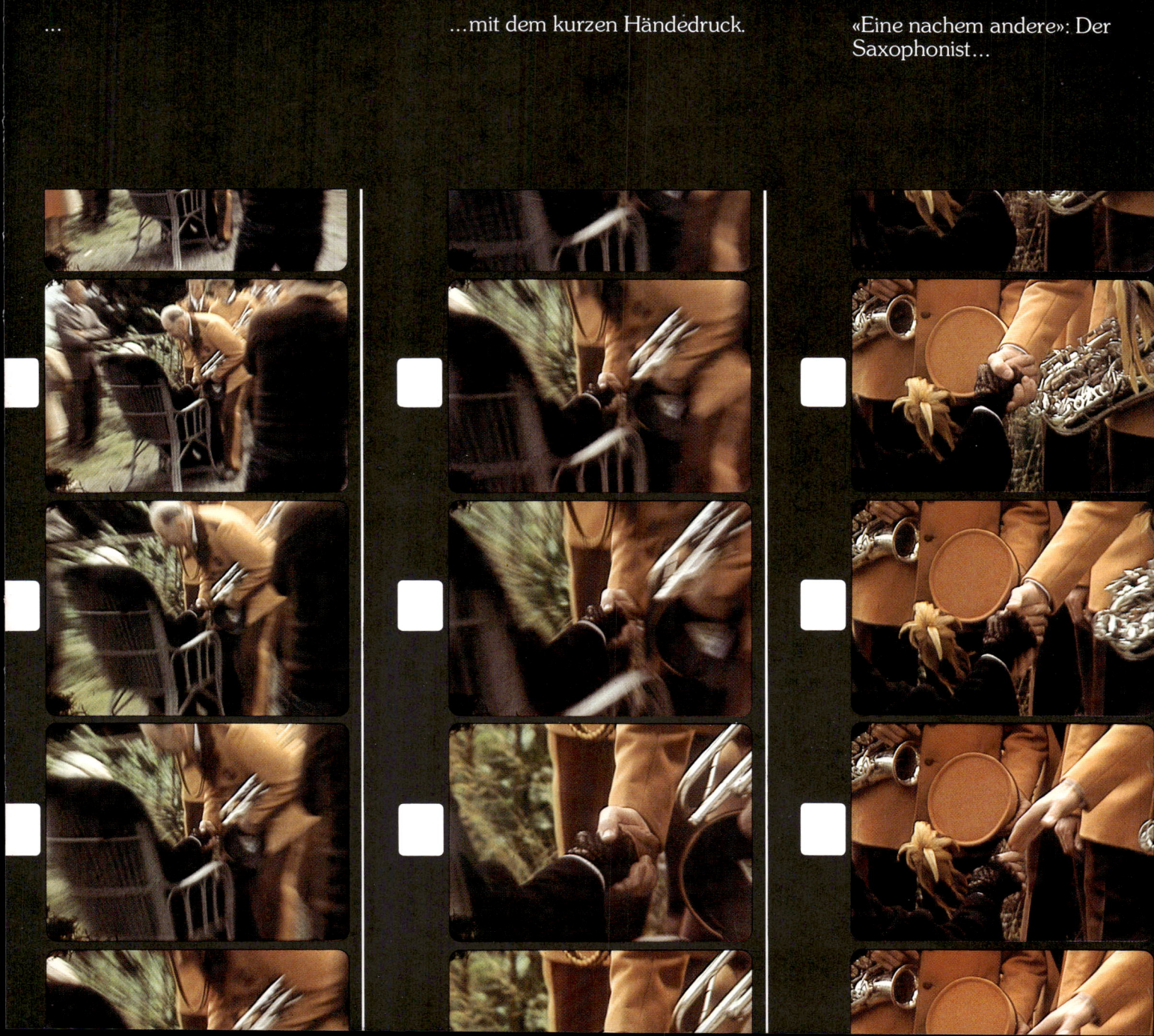

... ...mit dem kurzen Händedruck. «Eine nachem andere»: Der Saxophonist...

der Klarinettist… | Handwechsel | «Au revoir bis zu mim nächsten Geburtstag, em sächsenünzigschte.»

Madame de Meuron und Antonio, ihr «Mädchen für alles» während 23 Jahren.

«Adieu»: ... und einsam.

Zurückgezogen, vornehm, stark...

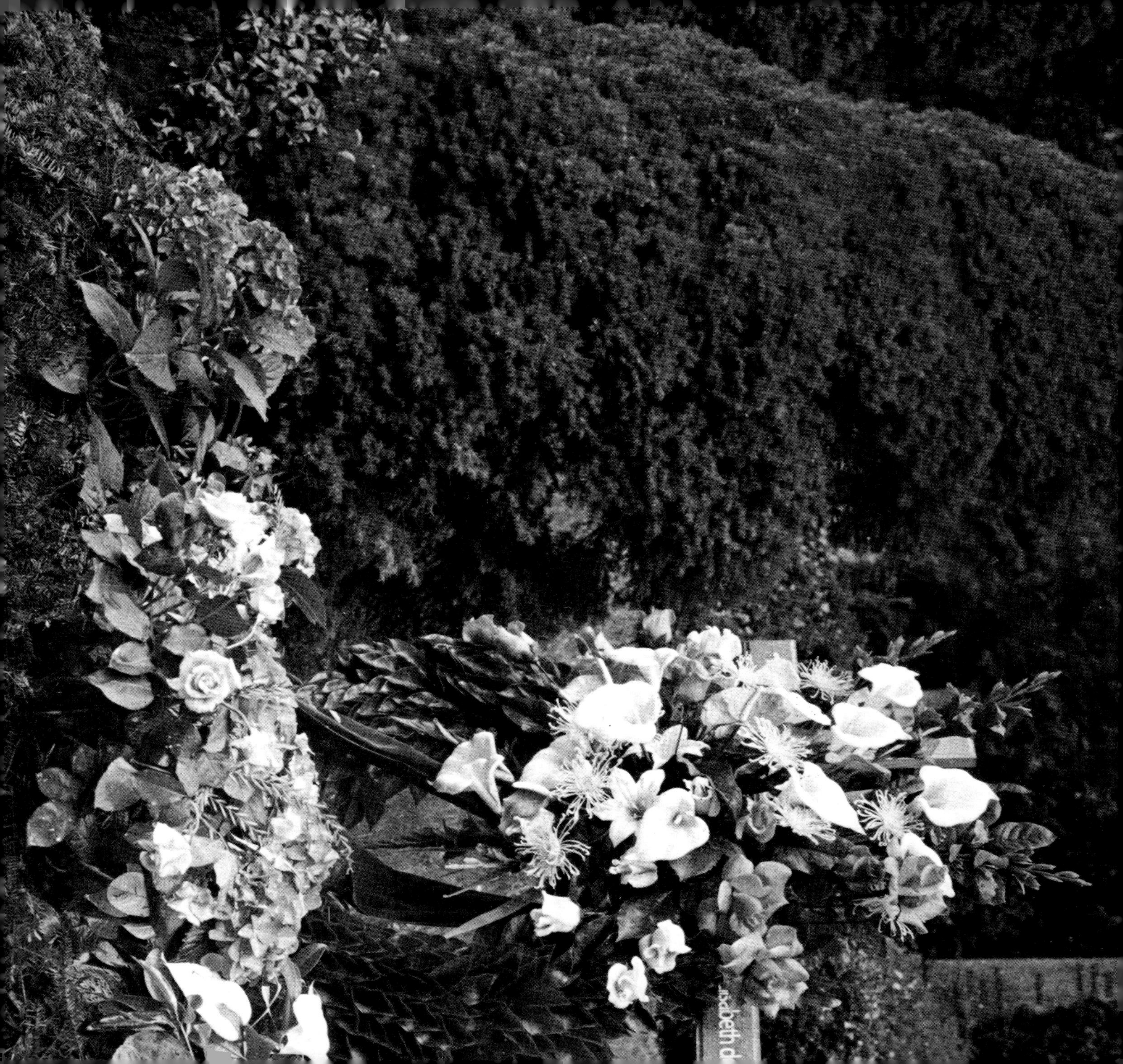

Elisabeth de Meuron, 22. August 1882–22. Mai 1980.
Das Grab auf dem Friedhof von Gerzensee, zwei
Wochen nach der Beisetzung der «grossen alten
Dame von Bern».
(Foto: Eduard Rieben, Bern)